社長の意図通りに
社員と組織を
成長させる
仕組みの作り方

木村英一
Eiichi Kimura

エベレスト出版

まえがき

本書は、「会社の成長を加速させ、事業を拡大したい」「売上げ規模の拡大を加速させたい」「今いる社員でもっと利益体質にしたい」「もっと社員の成長を加速したい」と考えている創業社長の方々のために書きました。

まさに、社員の幸せ、お客様の幸せを願う、創業社長の意図を実現するための書です。

企業、組織の運営には、経営戦略に始まり、販売戦略、ビジネスモデル、と様々な戦略、戦術が大切と言われます。こうした戦略、戦術の最上位に位置づけられるべきものを間違ってはいけません。

あらゆる戦略、あらゆる戦術、あらゆる計画の最上位に位置するべきものは、社長の意図通りに、組織の成長を実現させるリーダーの確保です。組織の成長を加速するリーダーが組織の中に何人いるかで、その組織の命運が決まるといっても過言ではありません。

これまで出会った数百人の経営者と話をすると、「木村さん、最後は人ですね」という言葉が出てきます。この共通する一言こそ、組織の成長を左右するリーダーが最重要であることの何よりもの証拠です。そして、この言葉の意味するところは、リーダーの育成をないがしろにした結末がいかに重大なことであるかも暗示しています。

時間の経過と共に、会社の成長スピードよりも、成長スピードの遅いリーダーは、組織の停滞を生み出すリーダーとして、様々な問題を引き起こす存在になります。

そうすると、どんなに良い戦略、どんなに素晴らしいビジネスモデルの事業であったとしても、会社の成長スピードが鈍化します。本来、ドンドン加速してもおかしくないステージで出店スピードや、新規開拓力が弱くなり、売上げが伸び悩んだりするのです。

この問題は、会社の規模拡大と共に、社員が増えるときに絶対に見落としてはいけない施策を見過ごした結果に起こることです。

社長の意図の実現を強力に推進するリーダーとは、当たり前のように自分の部下である社員を成長させることが出来るリーダーです。一般的に、社員の成長を実現できるようになるためには、ある程度の経験年数が必要だと言われますが、私達はそう考えていません。

大事なことは、年数を経ることではなく、社員の成長を着実に実現させる技術の習得です。この社員の成長を加速させる技術を持たないリーダーは、いつか必ず、組織の成長スピードについていけず、組織にとって負の存在となってしまいます。

人の寿命は、短いですが、組織は人の寿命を超えていきます。永続するものと言われます。そのためには、組織が継続して、成長することが前提です。本書では、あらゆる企業、組織に最も重要な組織の成長を加速させるリーダーに必要な技術とは何かを明らかにしていきます。

本論に入る前に、少しだけ自己紹介をさせてください。

私は20代後半に転職をして、売上げ7億の会社が1年半で140億円へと急成長するベンチャー企業にご縁を持ちました。

当初、ある程度の結果は残すことはできました。理念、行動指針、事業戦略、戦術、等々こうした仕組み作りに携わり、そうしたものが如何に組織を規定し、組織の成長に影響するのか、身をもって体験する貴重な機会を得ました。

元々は、戦略、戦術を考えることが私の得意分野だったのです。その成長企業の中にあって、最大の売上げを誇る組織の責任者として、日々の事業の運営に携わることになりました。

当初は自分の得意分野である、戦術を磨き上げて、圧倒的なスピードで利益率を引き上げることに成功しました。私は、全社の利益にも大きく貢献していることに鼻高々でした。ところが、ある時から、自分の組織の成長スピードが失速していきます。そして、売上げも利益も急降下してしまいます。

何度も戦術を練り直しても、全く効果はありませんでした。
理念、行動指針、事業戦略、戦術、仕組みは土台です。組織の骨格です。ただ、骨格だけではもろい。骨格だけでは、しなやかに対応できない。骨格だけでは、組織に活力が生まれない、勢いが生まれない。

骨格を補強し、組織に強さと変化に対応するしなやかさを手にするのは別のものが必要だということを多くの失敗を通して学びました。

140億円企業での経験の後、M&Aに携わり、その成功と失敗も経験しました。万年赤字の会社を1年で黒字化するプロジェクトにも携わりました。数億円を調達して、新規事業の立ち上げにはいくつも携わりました。

こうした経験を経て分かったことは、組織の骨格を補強し、組織に真の強さ、しなやかさをもたらすものが、「人の力」ということでした。

念のため申し上げますが、本書でご紹介する内容は、私の経験を記すものではありません。私一個人の経験談には何の価値もないからです。私のご支援先の組織で、何度も何度も実践して驚くべき成果を繰り返し実現してきた内容のみ記してあります。企業規模の違い、業種業態の違いを超え、再現性が確かめられた内容のみをお伝えして参ります。

社長の意図通り、組織と社員を動かし、成長を加速させる仕組みは、すでにもう確立しています。是非、本書に書かれた内容を実践いただき、これまでに比べて、圧倒的に早いスピードで成長する社員と組織を目の当たりにしてください。

目次

まえがき …… 1

序章　人口減時代における経営の最善の一手 …… 15

社長の意図を実現する新しいマネジメントに使う時間は、最良の投資

なぜ今、マネジメントか？

理由１　今いる社員の生産性が向上するから利益が上がる

理由２　新たに採用した社員がすぐに儲けを生み出す

理由３　離職率が低下し持続可能な組織になる

第1章　マネジメント技術で組織を変えていく …… 29

95％の会社は打ち手を間違っている

5年で売上2倍以上を実現
マネジメントは技術である
社長交代と試行錯誤
マネジメント技術が組織を動かす、理論ではない
トップダウン組織に未来はない
社員研修には出来ることと出来ないことがある
社員の課題解決能力が向上し続ける仕掛け

人材育成の達人の増殖が未来を創る

仕事をしながら人生が変わる体験をする
頑固者の言動も行動も変わる
リーダーになりたい社員が増える
女性リーダーの誕生
外国人リーダーの誕生
経験がなくても社員の成長を加速するリーダーになる

第2章　停滞組織を成長組織に作り変える……75

組織の継続的な成長を実現する条件
社員を辞めさせるリーダーは要らない
社員が残り、活躍する社員が増える最重要な要素
成長しない社員を創らない
40代、50代の社員すら成長する本物の技術
事例1　社長が一度は諦めた？60代元部長、男性の事例
事例2　50代前半、自分にも他人にも厳しい部長の事例

M&A成功事例に学ぶ、組織変革に必要なもの
M＆A成功の鍵
事業承継問題の根本原因を知る
任せられるリーダーを社内で量産出来る機能を持つ

社員の成長が加速する環境の作り方

コロナ禍でも96％の社長が成功
社長の半年間の取り組みから全ては変わる
人の行動に最も影響を与えるのは環境
組織存亡の危機からの大逆転

第3章　社員の成長を破壊するリーダーからの脱却……121

誰もが成長破壊リーダーになりえる理由

成長したい社長＋成長したい社員＝組織の停滞　となる理由
原因1　自己流で立ち向かうから、失敗確率は100％？
原因2　リーダーの経験を押しつけて社員の成長を破壊する
原因3　一人だけで頑張ってしまうリーダーは、社員の成長の機会を奪う
原因4　間違った常識に縛られるリーダーは、社員の成長を止めてしまう
原因5　目新しい制度仕組みばかりを追いかけてしまうリーダーは、成長を逃す
原因6　自らの実践を怠るリーダーは、成長する組織を作れない
原因7　成果のでない1on1（面談）を続けるリーダーは、組織を壊す

原因8　社員に不信感を抱かせるリーダーに社員と組織の成長は作れない
原因9　なんとなく「優しいリーダー」は、社員と自分の未来を破壊する
原因10　失敗を責め立てるリーダーは、組織の未来を握り潰す
原因11　手段の違いを認めないリーダーは、社員の成長の実現を遠ざける
原因12　感情的に振る舞うリーダーは、組織の成長を押し止める
原因13　社員の思考力を奪うリーダーは、成長の芽を握り潰す

第4章　社員の継続的成長を実現する成長の鍵……169

目標を達成しても成長できない問題を解決する
社員の継続的成長は目標達成だけでは実現できない
組織の成長を創造するリーダーが最初に手に入れるべき要素
リーダーの人間的な成長が組織の成長を加速させる

社員の成長スピードを加速させる
成長創造リーダーは強みと弱みを使い分ける

社員の成長を後押しするリーダーは「今」も「未来」も見る
爆発的な成長のためには仕事に関わる全てのスピードを上げる
組織の速さを創り出す指示をする
成長を創造する「間」を創る
社員の成長の扉を開ける「持ち味」を使いこなす
「気づき」を使って一気に行動を変える

マネジメントの前提を変えて組織の成長を確定する
人間の特性を知りマネジメントの精度を向上させる
動物的な反応特性があることを前提とする
変化への挑戦を避ける特性があることを前提とする
目標の設定が下手な特性があることを前提とする
人間関係で悩みを深め生産性が落ちる特性があることを前提とする
確認したばかりの優先順位がズレる特性があることを前提とする

社員の成長と組織の成長を統合する
社会と組織の共通点から分かる組織の作り方
行動指針の作り方と作成後の注意
組織と個人の「念い」の統合

第5章　成長を加速させる手順……229
社員の成長スピードが段違いに速くなる秘密のツール
社員の成長を見える化する
達成される目標の取り扱い方
ズレの最小化が、最大の成果を得る近道
社員の成長スピードを引き上げるリーダーの技術
相手に届くアドバイスと相手に届かないアドバイスの違い
自ら考える量を増やし、考える質を高める

社員の継続的な成長が組織の強さを練り上げる
顧客への提供価値が基準の全て
社員の成長は意図して必然的に創る
自立するから全てうまくいく
仕事への取り組み姿勢が改善するからうまくいく
シンプルだからうまくいく

終章　未来に向かって社員と組織の成長を持続させる……265
組織が圧倒的に成長する必須条件
全てはリーダーの成長加速から始まった
自らの覚悟と向き合い続ける
成長が次の成長を生み出す
成長を支える原動力を確認する
リーダーに憧れる社員が増える

終わりに……282
著者紹介
奥付

序章

人口減時代における経営の最善の一手

社長の意図を実現する新しいマネジメントに使う時間は、最良の投資

これまで個別にご支援してきた200社を超える創業社長の中で、マネジメントがやりたくて創業した方は一人もいませんでした。

「マネジメントは、必要不可欠だが、最優先ではない」

多くの社長にとってこれが当てはまります。だからこそマネジメントは、社長が取り組むべき事柄の中で、常に優先順位が低くなりがちなのです。

会社の業績を改善しようとすると、

「まず、売上げを上げなければならない。営業力を強化しよう。営業の手法を学ぼう、マーケティングを強化しよう」

「もっと、売上げを上げなければならない。製品企画を強化しよう。企画力を高めよう」

「利益率を上げたい。商品戦略を見直そう」

というように、事業戦略や、商品企画、マーケティング、営業こそが、売上、利益の源泉だと考えられ、そちらが優先されがちです。

もちろん、マネジメント以外のこれらの施策も全て重要な要素であることは疑いの余地

がありません。しかし、本書でご紹介する全く新しいマネジメント手法を実践すれば、短期間で、社長の意図通りに、組織と社員を成長させ、業績の改善を実現する仕組みが出来上がります。

社長自ら実践すれば、わずか数ヶ月の内に圧倒的な成果の違いを実感することになります。しかも、それは、一時的にではなく継続することができ、継続的に成果は拡大していきます。

その結果、多くの社長にとって、マネジメントの優先順位が大転換するのです。マネジメントが最優先にならなかった理由は、これまでの古いマネジメントでは、成果がはっきりと見えなかったことが本当の原因だと私達は考えています。

そもそも、マネジメントとは何のためにあるのか？

これを明確にした上でこの先の話を進めて参ります。

私達の提唱する新しいマネジメントとは、利益を最大化させるためにあります。まさに、これが社長の意図のひとつでありましょう。

率直に言えば、この新しい意図をもったマネジメントを実践すれば儲かります。社長の使う時間の中で、投資対効果の最も高いものが、この新しいマネジメントに使う時間に変わります。

それも、長い時間をかけて変えていくのではありません。導入が大変であれば、多くの社長は続けられなかったことでありましょう。短期間で成果を実感できます。

社長が真剣に取り組めば、3ヶ月で効果を実感できます。社長以外の、役員、幹部社員、部課長の人がやっても、5ヶ月以内に95％の人が効果を実感します。

企業活動は永続しなければなりません。単発の変化では意味がありません。当然、継続する変化となります。儲かり続けるのです。本来、マネジメントはより多くの儲けを生み出すものなのです。

ここで質問です。

御社のマネジメントは利益の源泉になっていますか？

今、目の前に一人の社員がいるとします。その社員に対して社長の貴重な時間を割く時、その社員が、継続的により多くの利益を稼ぐようになれば、「マネジメントは利益の源泉だ」

と断言出来ることになります。逆に、社長の貴重な時間を割いても、利益につながらないとしたら、大いに問題です。改善が必要です。

社長の時間は貴重です。その時間を有効に使うとしたら、社長の時間が投資になるのか消費になるのかはっきりと分ける必要があります。

時間を投資した以上のリターンがあるとしたら、それは投資です。新しいマネジメント手法を導入すると、これが実現できるのです。まさに、利益を最大化させるための手法といえます。

一方、その逆で、目の前の社員に対して、時間を割いても、時間を割いた以上の価値を生まないとしたら、それは消費です。

先ほど、述べたように、「新しいマネジメントとは、利益を最大化させるためにある」のです。

正しいマネジメントは、間違いなく投資です。打ち出の小槌です。売上げも上がりますが、利益が増えます。どうしてそうなのか、端的に説明します。

なぜ今、マネジメントか？

多くの社長は、マネジメントで利益を創るという発想はありません。それが、マネジメントの優先順位が下がるもう一つの原因です。

マネジメントの優先順位が低い状態で、この本を読むのは辛いと思いますので、誰がこの本を読むべきなのか、はっきりしましょう。

もし、あなたの会社が昨年、過去最高益を達成してないのであれば、利益を生むマネジメントに今すぐ取りかかるべきです。この本の内容を実践すれば利益は必ず改善します。

なぜ、そこまで自信満々で断言できるかといえば、ご支援先の企業が、新しいマネジメントを導入されたのち、最高益を連発するからです。

この手法は、組織の成長の原理原則に基づいています。そのため、実践する企業は、業種業態、会社の規模、そして人種や文化の垣根を越えて成果を出し続けています。

「おいおい、ちょっと待てよ、マネジメントをすれば、最高益になる？　意味が分からない。聞いたことがない」

この疑問、疑念は当然です。新しいマネジメントの仕組みは世の中にまだ普及してないからです。

とはいえ、なぜ、マネジメントが利益に結びつくのか？

モヤモヤを引きずったままで読み進めるのもこれまた苦痛だと思います。ですから、先に結論をお伝えしましょう。新しいマネジメントが利益を生む理由は３つあります。

理由1　今いる社員の生産性が向上するから利益が上がる

たとえば、今まで社員一人が２０００万円売っていたのが、３０００万円になるとします。売上は上がりますし、利益はもっと上がります。売上は１．５倍、当初の売上の費用内訳が変動費５割、固定費４割だとすると、社員の貢献利益は２００万円から７００万円と、３．５倍となります。

新しいマネジメントの成果は、「社員の生産性が上がること」です。新しいマネジメント導入後、実施後、わずか半年間で、社員の一人当たりの売上が１．６７倍に達して、売上げ、利益とも過去最高になった企業もあります。

詳しくは後ほどお伝えします。

理由2　新たに採用した社員がすぐに儲けを生み出す

採用した社員が売上に貢献するスピードが早ければ早いほど、利益に貢献します。社員の採用は、もちろん、継続的な売上げ拡大のために行っています。ところが、社員の戦力化が遅れれば、売上げは上がらず、新たに採用した社員の人件費の分だけ、利益を圧迫することになります。1年で売上げ貢献できるのか、はたまた、6ヶ月で利益貢献できるのか。経営に大きな影響を与えます。

私がこれまで、ご支援した企業は200社を超える数がありますが、採用した社員の戦力化のための施策が明確になっている会社に出会ったことがありません。多くの会社では、新たに採用した社員がいつどのように戦力化されるのか、決まっていません。

一言でいえば、運任せです。これでは、うまくいきません。戦力化は、そのプロセスを設計し、実現させるものです。

相手が、中途社員の場合も同様です。試用期間は決まっている会社はあります。しかし、戦力化までの期間は決まっていません。どの企業もサボっているわけではありませんが、明確な基準はない会社がほとんどです。

言葉を選ばずに言えば、「真面目に取り組んでいるものの、なんとなく」やっているのです。

中途社員は即戦力のはずだから、「そもそも戦力化のプロセスなど必要無い」とおっしゃる方もいるかもしれません。その考え方も、当然です。ところが、それは間違った常識に毒されているからだ、と私達は考えています。

継続して利益が拡大する組織の社長はよくわかっています。

仮に、同業他社、ライバル社で、トップセールスマンであったとしても、何もせずに、期待通りの即戦力として、成果を上げることはまずありません。

9割以上の確率で、期待外れの結果に終わります。ところが、その状況に対して、有効な手立てを打てていないのが現状です。理由は、具体的な改善方法が分からないからです。その対処法はあります。分かってしまえば、簡単です。ほんの少しの労力で大きな成果の違いを実現できるのです。

仕事は、一人で行えるものではありません。

サッカーに例えるなら、シュートを決める選手はとても目立ちます。しかし、他のメンバーからその選手にボールがパスされない限り、シュートは生まれません。仕事もそれと同じです。

トップセールスマンが、アポイントの電話から、契約書の作成、契約後の細かなフォローまで一人でやっているわけではありません。

同じ業界でも、仕事の進め方、仕事の範囲は、会社によって違います。環境が違えば、ゼロからの始まりです。中途社員は即戦力というのは幻想です。

だからこそ、中途採用の社員に対して、前職との違いを素早く埋めるために、戦力化のプロセスが必須なのです。

相手が、新卒の場合、多くの会社は採用に力を注ぎますが、採用後の育成プランがあったとしても、極めて曖昧です。だから結果がでないのです。

新卒採用を実践した会社は、採用面接時の新入社員の印象と半年後に知る実際の行動や言動との違いに驚き、落胆した経験を少なからず持っています。

たとえそのような状況に陥ったとしても、正しいマネジメントがあれば、何も心配することはありません。中途であれ、新卒であれ、今よりも短期間で戦力化できます。ほとんどの企業では、新しいマネジメント実施前と比べると離職率が半分以下となります。

戦力化のプロセスをもたなければ、新しく組織に加わった社員の戦力化はただの運任せです。運任せか、意図をもってやるのか、その差は天と地ほどの違いがあります。

戦力化の時期が決まっていれば、当たり前ですが、採用された社員は計画通りに戦力化が進みます。採用した社員が戦力化することは、明確に意図をもった新しいマネジメントの実践で可能となります。

理由3　離職率が低下し持続可能な組織になる

そして、人口減の今、離職率が高止まりの企業には未来はありません。すでに、倒産の理由が人員不足に起因する企業も激増しています。昭和の時代には考えられなかったことです。

多くの企業において、人不足に陥っているのは、人が採用できないからではありません。人が辞めているから、人手不足になっているのです。

あなたの会社で、これまでどれだけの社員が累計で入社したか正確な人数をご存じでしょうか?そして、どれだけの社員が辞めていったか、その累計の人数を知っていますか?

辞めていった社員の半分が残っていたとしたら、今日の人手不足は無かったはずです。

歴史に「たら、れば」はないと言われます。御社の過去の歴史で「たら、れば」の話しは意味がありません。過去の話は水に流すとしましょう。

しかし、今まで通りの比率で、人が辞めていくとしたら、御社に明るい未来があるとは言い難い。すでに人が辞めすぎて倒産している会社は増えています。

穴の空いたバケツに水を入れ続けるのはもうやめるべきなのです。新しい未来を創るためには、離職率を低下させる必要があります。

離職の問題を抱えている企業が、マネジメントの形を変えて、離職が減らなかったことは一度もありません。必ず実現させることができるのです。

最初の目標は、いま辞めている人数を半分にすること。それが達成できれば、3割にすること。最終目標は1割にすること。これを3年で実現します。

この目標が達成できれば、売上げも利益も当たり前に拡大し続けます。

繰り返しになりますが、新しいマネジメントを導入すると、離職率の低下が必ず起こります。離職率が現状の半分になったとしたら、離職者分の採用を行う必要はありません。離職率が低下すれば、辞めた人の穴埋めするための採用コストは減ります。採用コストが削減されるとしたら、それは利益が増えることになります。利益への貢献度でいえば、小さくないですが、まだ序の口です。

社員の離職は組織にとって、プラス面はなくマイナス面ばかりです。

一時的にせよ、残った社員は、辞めた社員の穴埋めをすることとなります。社内に残った社員は、口には出さないまでも、前向きな取り組みとして、捉えることは難しい業務です。負のエネルギーが社内に溜まることになります。

一方、離職率が低下して、社員の定着率があがると、社内の知識、技術の継承がやりやすくなり、それを土台として、新しい取り組みもしやすい環境が整います。良い組織はドンドン更によくなるこの好循環が生まれていきます。この変化による利益効果は計り知れません。好循環が継続することで、継続的に利益水準が高い状態になるからです。

離職率の低下は、売上げ増、利益増に直接的に関係するのです。当たり前のことですが、現在離職率が3年で50％超える場合は、採用よりも、直ちにこちらを着実に実行することがまず先です。

以上が、意図をもって取り組むマネジメント利益を生み出す3つの理由となります。

確かに、社員の生産性の改善、戦力化の期間短縮、離職率の低下が実現できれば、売上や利益の改善にはつながるかもしれない。でも、まてよ。時間がかかるのではないか？

誰もがこの疑問を持たれることでしょう。もちろん、社員が６名の会社と社員６００名の会社では、同じ時間で変化の量と影響度は違うことは当然です。

しかし、意図をもった組織マネジメントで起こる変化は、実践された社長の想定を上回るスピードと変化の大きさで進みます。これは、支援先の社長の皆さんが口を揃えておっしゃいます。

本編で詳しくお伝えしますが、意図をもったマネジメントは、組織全体を大きく変貌させていきます。それはまるで、芋虫が少し大きな芋虫になるような変化ではありません。芋虫が蝶に変貌するがごとくの大きな変化なのです。

多くの組織で、社員はまだ本来持てる力の半分も出していない。新しいマネジメントの実践で、御社の組織を全く別物に変えていくことになります。これまで、新しいマネジメントを導入した社長が驚くことになったように、きっとあなたも驚くことになります。

次は、あなたの番です。

第1章

マネジメント技術で組織を変えていく

95%の会社は打ち手を間違っている

5年で売上2倍以上を実現

初夏の陽気が漂う5月下旬に、建設、設備業を営むS社長を訪ねました。受付で受話器を上げて社長室の番号を押し、受話器を耳に当てると、とても爽やかな「お待ちしておりました」という社員の方の声、会社の状況がここからも窺いしれます。

社長室に通されて、促されるまま、ソファーに腰をかけ、資料をカバンから取り出していますと、程なくしてS社長がいらっしゃいました。

「お待たせしました。木村先生、今日は少し汗ばむ陽気ですね。いつもありがとうございます」

S社長は、2代目社長ですが実質的には創業社長と変わりません。先代の社長が急逝されて、32歳で急遽バトンタッチとなり、社長就任から5年目を迎えた頃にご縁をいただきました。

「今日は第3期の方々の報告に上がりました。早速始めてもよろしいでしょうか？」

S社長は、その日、最重要案件のツメの作業をされていました。社内外の関係者との打ち合わせのはずでしたので、その日は30分で切り上げる予定で伺いました。

一通り状況を説明すると、

「木村先生、本当にありがとうございます。今回のメンバーは正直悩んだメンバーでしたが、顔つきも表情もまるで違います。2年前に最初にお会いした時、マネジメントは技術といわれてホントかなと思いましたが、こうして3期目のメンバーの結果をみると、実感しますね。今回のメンバーは少々心配だったので」

「役員の方々が（新しいマネジメントを）実践してくださっている中で進めました。前回も申し上げましたが、おかげで私はとても進めやすかったですよ。（受講者である）御本人達が実感するまでの時間も、早かったです。さて、個別の状況をお伝えする前に、何か気になることはありますか？」

「先日ご相談したM＆Aした会社の件ですが、よろしいですか?実は、役員の中で何人か気になる人がいまして」

「社長、明日確か例の案件の最終提案と聞いていましたので、早めに切り上げるつもりでいましたが、お時間大丈夫ですか？」

「まぁ、それもそうなのですが、こちらの方、早めに手を打った方が良いと思っています。いいですか?もう少しこのまま」

「もちろんです。では、詳しく教えてください」

と結局、打ち合わせの時間を延長して、S社長からの相談を伺い、急遽4期目のメンバーは、本体の幹部候補社員ではなく、M&A先の役員に対して実践することになりました。

S社とはその後も、ご支援を継続して6年目となります。お会いした当初は売上げ24億円でしたが、(ご支援開始前の3年間のことを社長が停滞期と言います)その後は、増収増益、M&Aもあり、今期は60億を突破する勢いです。大きなくくりで言えば一番売上げの比率が高いのは、建設業という業態です。

様々な工夫の上で、今でこそ、地域の同業他社がうらやむ採用実績を誇っていますが、最初からうまくいったわけではありません。

採用活動を始めた当初は、大混乱の連続だったそうです。始めたばかりの2年間は採用しても、1年持たずに全員辞めていました。今に比べれば、始めた当初の採用は、片手間程度の取り組みではありましたが、それでも、多忙を極める中で、費用も時間も投資していました。費用対効果が見込めないとして、新規採用を凍結されたそうです。

私がご支援をした翌年から新卒の採用を再開しました。ご承知の通り、採用市場は、以前よりも更に厳しくなっていました。再開して3年間で入社までこぎ着けたのは8名のみでした。まだ一人も欠けずに残っています。

「新卒8名じゃ、売上げもそれほど伸びない」と考えるのが普通です。しかし、S社長の会社では、この3年間で既存事業の売上で10億円増を実現したのです。

もちろん、新卒8名がスーパーマンばかりだったということではありません。新卒の即戦力化は実現しましたが、新卒だけの力で10億円アップを達成したわけではないのです。

社員の生産性が上がり続けているのです。

売上げのために、長時間残業に目をつぶったわけでもありません。逆に、労働環境は、大きく改善しました。残業は部門によっては、ほぼゼロになりました。以前は、役職者は土日も休日も出勤が当たり前でしたが、しっかりと休めるようになりました。

社員数も期待したほど増えず、残業も減って、それでも売上げが上がったのです。

まだ多くの社長が知らない再現性の高いやり方があるのです。

マネジメントは技術である

なぜ、こんなことが実現したのか。変えたことはたったひとつです。マネジメントを変えたのです。

マネジメントを変えることで、先ほどお伝えしたように社員の生産性が劇的に向上しましたし、新卒の戦力化が驚く速さで実現しました。

本書を手にとる方なら、すでにマネジメントを学ばれている方も多くいらっしゃると思います。そういう方ほど、頭に？が浮かんでいるのではないでしょうか？

世間的にはマネジメントの成果は、そうそう簡単になかなか目に見えない。または、マネジメントの改善には時間が掛かる。中には、マネジメントにはじっくり時間をかけるべき、とまで言われているからです。

実際に、96億円から3年で120億円突破を実現されたある会社の社長は、私がご支援を開始する前から10年以上にわたり、リーダー研修を実践されていました。その社長が半年間のプログラムが終了した時に、「こんなに早く結果が出るなんて思っていませんでした」と本当に驚かれた様子でおっしゃられたのを鮮明に覚えています。

もちろん、これには種も仕掛けもあります。

一言で言うと、理論か技術か、の違いです。

多くの経営者がマネジメントに関して本を読んだり、セミナーで学ばれたりする内容はマネジメント理論です。私達も理論もお伝えしますが、最も重視しているのは、マネジメント技術です。

中学で柔道を習います。最初に習う型は、受け身の型です。受け身の型を習うと、誰でもある程度、お互いに技を掛け合っても、受け身ができるようになります。このように型とは、誰でも同じような成果を出せるようになるためにあります。

マネジメント技術も、この柔道の型とまったくおなじです。S社の会社でもマネジメントの型、マネジメント技術を導入したため、社員の生産性を短期間で一気に引き上げることが出来るようになったのです。

一方、理論は、受け身を座学だけで学ぶようなものです。座学だけで受け身を習ったら、いざというときに、受け身を取れないでしょう。もし急に投げられでもしたら、脱力できずに、良くて全身打撲、悪ければ、何カ所か骨折することになるはずです。

マネジメント技術は、頭で分かることではありません。実際に部下を相手に型通り実践し、結果を出すことが出来るようになることです。

社長交代と試行錯誤

S社長は、高校を出てしばらくして、家業を手伝うようになりました。創業者である先代社長からは、社長を継ぐようにとは一度も言われたことはなかったそうで、自分も継ぐつもりはなかったそうなのです。やんちゃな中学、高校時代を過ごした後、何をするでもなく、友達とつるんで日々、楽しく暮らしていたそうです。

ある朝、いつものように、友達と一晩中遊び、翌朝、家に帰りました。先代社長がちょうど出社する時間で、車庫の前で鉢合わせになりました。二人は無言ですれ違うものの、先代の社長は振り向きざまに、S社長に声をかけました。

「おい、しばらく（会社にきて）手伝いをしろ。今日の午後、（会社に）こい」

いつもなら、空返事でやりすごすところですが、どういうわけか、その時、父親の発したその言葉には、素直に従おうと思ったそうです。それが転機でした。その日から、S社長は遊びをやめ、会社に毎日通うようになりました。

最初にやったことは、社長の鞄持ち。口数の少ない社長は、一緒に外回りをする時も、ほとんど話しかけてくれなかったそうです。それでも、想像したことのなかったビジネスの世界に足を踏み入れて、S社長はすっかりと魅了されてしまいました。

会社や顧客先でみる先代社長の姿は、これまで自分が思っていた父親のイメージとはまるで違っていました。日々、先代社長との時間を過ごす中で、少しでも社長に近づきたいという思いを強くしていきました。それから先代社長から促されるまま、様々な本を読み、S社長自身、視野を広げていったのです。

先代社長の一声から、会社に通うようになって15年近くが過ぎた時、S社長は、常務取締役、営業部長になっていました。同時に、社内でダントツのトップセールスマンにもなっていました。まっすぐな性格が幸いしたようで、同業他社の社長さん達にも気に入られて、ネットワークが広がり、以前は考えられなかったような規模の案件を手がけるようになっていました。

その矢先、先代社長が急逝します。堅実な経営のおかげでリーマンショックの影響は最小限にとどめることができました。

S社長が注力したことは、営業力を活かして売上げを上げ続けることでした。

売上が7億円で、社員が20名弱、かろうじて利益が出る状態で引き継いだ会社は、社長就任から10年で18億円、利益が５０００万を達成されたそうです。それからしばらくして、社員が40名を超えた辺りから、売上げの伸びが停滞します。中途社員ばかりを採用していたのですが、入社しても数ヶ月で辞める社員が増えていったのです。

そこから有名なマネジメント研修をいくつも受講したそうです。学んだことは即実行の

S社長でしたが、研修で学んだ理論の通りに、組織の変化を実行することはありませんでした。

最初のマネジメント理論では、社員の結果を明確にした上で、厳しく接していけば、成果は自ずとついてくる、というものでした。すると社員が一斉に辞めていき、日々の業務の維持すら難しくなったそうです。

これでは駄目だと、別のマネジメント理論も実践しました。その理論では、若い世代は我慢を知らない、寄り添い優しく接することが是である、というものでした。S社長は、特に古い体質を引きずっていた古参の幹部達に学んだ内容の実践を厳命しました。

S社長は、その実践を徹底するために、こっそり抜き打ちで幹部と若い社員の現場に顔をだして、打ち合わせの現場も確認したそうです。幹部も、現場の人不足では頭を痛めていたようで、思った以上に真面目に取り組んでいたことに驚いたそうです。

あれほど怒鳴っていた古参の幹部が、ぎこちないながらも丁寧に若い社員に接する姿は、思わず吹き出しそうになる場面もあったといいます。

S社長は笑いをこらえて幹部に気づかれないようにそっと現場を離れながら、この実践の先にきっと成果が出るに違いないと一度は期待を膨らませました。

ところが、問題が噴出します。新しく採用した若い社員の成長スピードが遅いと現場から声が上がり始めたのです。結局、実践して1年後、第二新卒、中途採用した社員のほとんどは辞めてしまい、離職率は高止まりのままでした。

次にまた、３つ目のマネジメント理論を試したそうですが、これも1年間で頓挫しました。

売上、利益、離職率どの指標をとっても、これといった変化を実感することができなかったというのです。売上げの伸びは止まったままで、業績の停滞を脱することはできませんでした。

マネジメント技術が組織を動かす、理論ではない

そんな矢先、S社長が弊社主催のセミナーに参加くださいました。後日に参加の理由をお伺いすると、「本当は、もうマネジメントはあきらめようかなとも考えていました。時間もお金も使ったのに、結果がでなかったですから。ですが、人と組織の問題は解消していませんでした。木村先生には失礼ですが、駄目もとで、参加したのです」と話してくださいました。

セミナーの内容を気に入っていただいたようで、私が、初めてS社長の会社にお伺いした際は、開口一番「いつから始められますか?」と前のめりでおっしゃられたのを覚えています。

社長と常務と取締役、3名がコンサルティングにご参加されました。このプログラムでは、マネジメントの実践相手となる部下を決めてもらいます。

当時、S社長は、古参の社員の中でも選りすぐりの頑固者を選びました。手にしたマネジメント技術が本物かどうか試したかったのです。

コンサルティグを開始して3ヶ月目にはS社長は確かな手応えを感じていました。社内きっての頑固者達の行動言動が明らかに変わっていくのを目の当たりにしたからです。

ただ、S社長がこのマネジメント技術が確かなものだと確信するに至ったのは、それだ

けではなかったそうです。S社長だけが実践できても意味がないと考えていたのです。間違いないと確信に至ったのは、S社長と同時に受けた常務、取締役が手にした成果でした。常務、取締役が、それぞれ実践した部長と課長達の発言と行動にも変化があったのです。常務、取締役が選んだ相手も、なかなかクセのある相手でしたが、その行動変化は想定を遥かに超えていたそうです。

半年間のプログラムを終了して、S社長と最後の振り返りをしていた時のことです。S社長がこんなことをおっしゃいました。

「このマネジメント技術は、組織にとっては、血液みたいなものですね。全身にくまなく必要な情報を届ける。これがないと、組織は動きませんね」

いみじくも、社長の意図通りに組織を成長させることは技術であると、このS社長の言葉が言い表しています。

S社長と同じく、弊社のコンサルティングを受ける前に、他のマネジメント理論を学ばれている方は少なくありません。ところが、多くの社長がその理論の実践に大変苦労されています。

S社長からも、理論と技術の違いについてこんな言葉をいただきました。

「マネジメント技術が身につくまで徹底的に実践指導してもらえるので、（自分の勝手な解釈が入らずに）ずれがない。目の前の社員の行動言動が目に見えて変わり、顔つきまで変わったのには、本当に驚きました。今まで経験したことのない面白い体験でした」

また、以前導入されようとしたマネジメント理論に関しては、

「今になってみると、理論を学んだ時には具体的に落とし込めなかったのだなということがわかりました。自分では落とし込んでいたつもりだったのですが…」

とのことでした。

マネジメントは日々の実践です。目の前の社員にどのように接するのかが勝負です。目の前の社員の成果が変わることこそが、マネジメントの成果です。

人とは何か、人の成長とは何か、組織とは何か、組織の成長とは何か、といった原理原則を理論は明示します。正しい理論なしに、正しい技術もない。私達はそのように考えています。

一方で、たとえ理論を知らずとも、技術さえあれば、社員を動かし、社員の成長を圧倒的なスピードで実現することは可能です。技術の応用範囲が広がるので理論は大切ですが、何よりも優先すべきことは、「実践できること」です。技術が先、理論は後で良いのです。

トップダウン組織に未来はない

S社長へ組織の課題を最初に伺った際に、S社長から頂いた答えはこうでした。

「木村先生が（最初に参加した）セミナーで言われた通り、会議で発言するのは私だけです。セミナーの後に、わざと役員達に発言の機会をつくっても、（役員が発言することは無く）ダメでした」

「最初からそうでしたか？」

「いえ、先代から引き継いだばかりの頃は、いろいろ意見を出してくれていました」

「（幹部の方が）変わっていった理由で心当たりはありますか？」

「途中から、私のほうから厳しく指示を出すようになりました。なかなか私の思う通りには動いてくれないこともあって…ちょっと（厳しく）やり過ぎたなと思うこともあります。今でも、幹部会で、熱が入るとついつい大きな声が出ることがあります。すると、みんなビクってなるのですよ…昔、やりすぎましたね」


S社長の社長就任は、先代社長の急逝を受けてのことでした。折しも、リーマンショックの時期と重なり、必死で会社を守ったとおっしゃいます。受注した案件が次々と、延期やキャンセルになる危機にあって、トップダウンになるのもうなずけます。

ただ、トップダウンが危機において一時的なものであれば良いのですが、なんとなくトップダウンが継続すると組織にマイナスの影響が強く出てきます。

これは多くの創業社長に共通することでもあります。弊社がご支援してきた企業の9割は創業社長の企業ですが、そのほとんどは、トップダウン型から始まっています。

企業の成長過程において、トップダウンというのはある一定期間は当然です。立ち上げ当初は、社長自ら売上げを作るために奔走しています。社員が増えても、社長は走りながら、社員に指示を出すしかありません。「売上げ無くして全て無し」です。

ところが、社長の代わりに売上げを作る社員が出てきた後も、社長からの一方的な指示だしを社員に続けることで、社員一人一人は言われた通り動くことに慣れていきます。

次に何をするべきか、全て社長が指示をくれます。社員はそれに従う方がラクだし早いし、自ら「考える」ことをしなくなるのです。組織全体でみると、組織の「考える力」が低下していきます。

トップが全てを決定するから、全てが高速に回る。組織の規模が20名から30名まではこれで進むことができます。ところが、30名~40名を超えるあたりから様子が変わります。

S社長の組織も、40名を超えたところから成長が滞りはじめて、停滞した時期がありました。全ての権限が社長に集中していると、組織の拡大に合わせて、社長の決裁待ちが増えていきます。S社長のように、社長が売上げを作るために外を飛び回っている状態であれば、社内にいる時間が限られます。余計に決裁待ちの渋滞が起きました。

S社長の決断のスピードは社内の誰よりも早いのです。しかし、如何せん、1人対40人です。決断を下すために、資料を読み、本人から説明を受けて、早かったとしても、10分。毎日それを40人とやったとしたら、それだけで400分。時間にすると6．5時間。1日が終わってしまう計算です。

結果的に、あらゆる意志決定までに要する時間が長くなっていきました。組織のスピードが失われてしまったのです。S社長の処理能力の限界が組織のスピードの限界を作ってしまっていました。

このように、トップダウンはプラス面も、マイナス面もあります。組織の拡大する過程では、必ず、そのマイナス面が大きくなっていきます。多くの社長が社員30名～40名を超えたタイミングで、遭遇する組織の成長スピードの鈍化、そして、停滞を経験します。これは、トップダウン型を続ける社長自ら創り出す現象です。

持続的な成長を前提とするのであれば、トップダウン型からの転換が必須です。S社長がそうであったように、社長の決断があって、トップダウン型からの脱却が始まります。

社員研修には出来ることと出来ないことがある

S社長は自分で経営の勉強を続ける一方で、ある時から、幹部社員や、幹部候補のリーダー達にもっと力をつけてもらいたいと、社内に講師を呼んで様々な研修を導入してきました。中にはマネジメントの研修もありました。そうした研修で使った標語やポスターが本社の壁に何枚も貼ってありました。

私がご支援するようになってからも、S社長から、幾度か研修に関する相談を受けました。これはS社長に限らず、ご支援先の社長からは、よく質問される内容でもあります。「どこの研修会社が良いだろうか？」「どんな内容が良いだろうか？」「階層別に研修をそろそろ始めるべきか、まだ早いのか」

人を育成するなら、社員研修をすればいい。この考え方は、半分正しく、半分間違っていると私達は考えています。

単に作業をする人を育成するならば、社員研修は有効な方法です。一度に大量の情報を伝え、短期間でその内容を覚えてもらい、実践する。知識や技能教育には社員研修は効果を発揮します。

スマホを使ったオンライン動画の研修も増えました。受講する人数が多くても、予算をかけずに、以前よりもずっと効果的な研修を受講することも可能になってきました。

　一方で、研修には弱点もあります。組織が継続的に成果を上げ続けるために必須なのが、社員の課題解決能力の向上です。ところが、研修の形式が、集合型であれ、オンライン動画形式であれ、社員の課題解決能力の改善にはあまり効果を発揮しないのです。

社員の課題解決能力が向上し続ける仕掛け

S社長が全ての役職者に新しいマネジメントを導入すると決めたのには、もう一つ理由がありました。それは、「組織の課題解決能力を上げたい」という切なる願いをS社長がもっていたことでした。S社長はおっしゃいました。

「木村先生、私の若いころ、どうしようもない奴でした。だから、できない社員を責める気はありません。（しかし）社員が世の中の変化に対応できる状態にならなければ、顧客の要望には応えられないので（顧客から）選ばれない。これから始める新規事業も進みません」

S社長が指摘するように、変化に対応するためには、社員の課題解決能力を高める必要があるのです。

私の知人にビジネススクールの教授をしている人がいます。課題解決能力に関連する講座を担当していて、次のような指摘をしています。

「変化の激しい時代、次々に新しい課題を解決する必要性があるため、リーダーはもちろん、社会人は誰しも、課題解決能力を磨く必要がある」

「課題解決の手法や、課題の設定方法はいくらでも教えられるが、それが身につくかは全く別問題。なぜなら、繰り返し練習をする必要があるからだ」と。

特に規模の小さな組織の場合は、社員一人一人の守備範囲が広く、一社員といえども、創意工夫のする力が求められています。まさに、課題を自ら考え、解決するスキルを手にすることを組織の規模が小さいほど、求められています。

課題解決能力を教える専門家が指摘するように、リーダーだけが課題の解決を出来ても十分ではありません。S社長が経験したように、リーダーの処理能力が組織の限界を作ってしまうからです。リーダー自身が課題解決を出来るだけではなく、社員一人一人が出来るようにすることをリーダーは求められているのです。

お客様の要望が日々高まる中、商品、サービスを提供する現場で、課題解決する力が足りないために、問題が更に大きくなり、深刻化する事態に私達は遭遇しています。

少々乱暴な言い方をすれば、長らく社員研修が実施されているにもかかわらず、この社員の成長、組織の進化のためにもっとも大切な課題を解決する能力の引き上げは、ほとんどの企業で大失敗に終わっているといえます。

新人リーダーが管理するべき内容や、そのやり方を学ぶために、新しい知識として必要なものは単発の研修で十分です。一方、変化対応する力を伸ばすためには、先の専門家が指摘するように、日々の仕事の中で、課題解決能力を継続して磨く必要があるのです。その仕組みこそが求められていることです。

「まぁ、言ってることは分からなくもないが、そんな余裕は社内にはない」という感想をお持ちだと思います。

私も、かつてベンチャー企業で毎月150時間くらい残業が10ヶ月ほど続いたことがあります。だからこそ、逆に自信を持って言えます。

「どんなに忙しい状況であっても進められる方法があります」

社長の意図を実現する新しいマネジメントは、時間が掛かりません。そしてまた、社員の課題解決能力を日頃から磨く仕組みになっています。

だからこそ、短期間に社員全体の生産性を改善することがどんな組織でも出来るのです。

繰り返しになりますが、課題解決能力は、一回の研修で身につくものではありません。それを教えている専門家が指摘している通り、課題解決能力は、実践を通して磨き続けるものです。日々の取り組みの中で、伸ばし続けていくものです。

顧客の求める品質を改善し続けるために、課題解決能力のない企業は顧客から見放されます。マネジメントの中に、この能力の開発が組み込まれていることが組織の生存のために必要なのです。

組織の一人一人が課題解決に難なく取り組めるようになる具体的なステップ、第5章でお伝えします。

人材育成の達人の増殖が未来を創る

仕事をしながら人生が変わる体験をする

S社長は、マネジメント技術を学び、それを実践する中で、今までは気にならなかった組織の課題を発見するようになりました。日々の役員や幹部社員達とのやりとりをした時に気づくことが多かったようです。

「先日、斉藤（取締役）と話していた時、『え？なんで、ここで固まる？』って驚きました。斉藤（取締役）自身、ずっとやってきた業務の内容だったのに、不思議というか、なんというか…」と。

そして、続いてこう言われるのです。「本当に自分が全部、考えて指示してきたのだなって反省しています」と。

更に、

「課長に高畑ってやつがいるのです。最近大きな現場が終わって、報告にきたのですよ。事前に、報告書を読んでいたので、その時に、高畑に聞いてみたのですよ。報告書に書かれていた内容について少し突っ込んで聞いてみたのです。そしたら、やはり、答えが返ってこない。誰かに言われたまま書いたって白状しました。木村先生の言われるように、考えない文化がすっかり浸透しているようです」

といって万年筆を握りしめた右手で頭をカリカリと掻かれました。

S社長は、新しいマネジメント技術を実践する前にも、さまざまな取り組みをしていたことはすでに述べました。その中には、今、流行している1on1も実践した時期があったそうです。今でこそ、

「以前、自分がやった（コーチング形式の）1on1では、手応えがはっきりと感じられなかったのですが、これはすぐわかります」

と言ってくださいますが、実践される前は懐疑的でした。

というのも、「コーチング形式の1on1では50代以降の頑固者達には全く効果が無かった」という苦い経験をされていたからです。

S社長がマネジメント技術の実践の相手に選んだのは、先代の社長の時代から会社を支えてくれていた古参の50代後半の幹部社員2名でした。1on1との違いを試してみたかったというのが理由でした。

一方、二人の幹部、常務と取締役は、最初、若い社員を2名ずつ選びました。

私が直属の部下である部長、課長2名を促した時は、あからさまに嫌そうな顔をされた

のです。取締役がぼそっと言いました。

「この（部長や課長）二人はもういいでしょう。どうせ変わらないですから」

というと、横に座っている常務も「そうだなあ」という仕草。

そこで、私はお二人にお伝えしました。

「若い社員を変えるのは簡単です。40代、50代の社員が変わるから意味があるのですよ。やがて、定年は70歳になります。50代で問題社員だとしたら、残り20年その問題社員は会社にいることになります」

当時の二人はもちろん半信半疑です。

「はい、それもそうですね。そうします」

と言われたものの、少々首をかしげながら、まるで納得してない様子でした。その40代、50代が変わる姿をまったく想像できなかったのです。後日、常務と取締役二人から感想を聞いたのですが、「また時間の無駄になる」と本当に嫌だったそうです。

そこで「3ヶ月やって進まなければすぐにメンバーを交代しましょう」という約束でスタートしました。

S社長は2ヶ月目が終わる頃には、変化の兆しを感じていました。幹部2名の方も、同じ頃には頑固なはずのベテラン社員の行動変化を実感するようになりました。

常務、取締役が、40代、50代の社員に伝えたことは、それまで言ってきた事と同じ内容でした。しかし、型通りに実践すると、相手の反応はまるで違ったのです。

「自分でやっていながら、今まで経験したことのない、不思議な感覚でした」と、後日、取締役が教えてくれました。

頑固者の言動も行動も変わる

この新しいマネジメントは、誰もが簡単にできるため、半年間のプログラムを受講すれば、社内に人材育成の達人が増えていくことになります。

S社長も新しいマネジメント技術を手にしてから、2ヶ月目で変化の兆しを感じとり、3ヶ月目には確信に変わっていました。月を追う毎に、頑固者だったはずの40代、50代の幹部社員の変化、その部下達の変化は更に大きくなり、それが継続していくことに、満足されていました。

今となっては、S社長は、目の前の社員を誰でも着実に成長させることができる、と断言されています。S社長だけではありません。S社長と一緒に実践された常務や取締役も同様です。

あまりにもやり方が簡単なため、時々、社員の方々の中には、勝手に自分で始める人も出てきます。

ある50代の部長は、常務が取り組んでいるマネジメント技術を真似て自ら実践を始めました。その部長に後日話を伺いますと、

「最初は、正直、『また社長が、新しいものをもってきた』と思ったのです」

そして、

「『これまで散々（年上の部下に）注意し続けても駄目だったことが、そんなにうまくいくはずがない』と思っていました」

となんとも正直な感想でした。続いて、

「うまく部下に説明出来るかはまだ自信がないのですが、結果が出ているのは、（幹部の実践をみていて）社員が分かっていますから、私も安心して取り組めています」

と、おしゃっています。

コンサルティングの際は、敢えて頑固な社員を一人、マネジメントの対象者に加えてもらいます。S社長が驚かれたように、その頑固者達の変化に驚かれます。しかし、狙いはそこにありません。初めての実践で頑固者だと思っていた社員を変えることができると、自分が手にしたマネジメント技術に自信を持てるようになるのです。

その結果、多少の頑固者でも、40代、50代のベテラン社員でも、年上の部下であっても、マネジメント技術を使えば大丈夫という自信をもっていただけるのです。部下が若い社員の場合は、リーダー側が、その変化の大きさと早さに、驚嘆するケースもでてきます。

リーダーになりたい社員が増える

誰でもマネジメントが出来る、という言葉は、多くの社長がご自身の組織の現状を顧みる時に、違和感をもたれます。

「リーダーにはなりたくない」「役職者はちょっと…」という社員が多くて困っている社長が多いからです。あまりに自分の組織の現状とかけ離れているように感じるのです。しかし、どこの会社でもその状態からのスタートです。そこからの改善になります。

少々乱暴に言ってしまうと、「やってみたら、わかりますよ」なのですが、実際にどのようなことが起こるのか、S社長が体験されたことをお伝えしましょう。

S社長は、お会いして2年目の秋に、新規事業の展開に合わせ、6階建ての本社を構え、移転されました。最初の2年ほどは緑豊かな工業団地の一角にある平屋建ての本社にお伺いしておりました。

その日は、その平屋建ての本社にお伺いする最終回の時でした。いつもの様に、社長室に通されて、資料を準備していると、S社長が応接室のドアをあけて入ってきました。ソファーに腰を下ろすと、いつもポーカーフェイスでらっしゃるのに、その日は社長が笑顔で口火を切られました。

「木村先生、先週、昇進昇格の会議がありました。部長連中から『係長を選べるようになった』って言われてはっとしました。部長達が言うには、これまでは、消去法だったので、『選びようがなかった』って言いまして」

「それは嬉しい話しですね」

「はい、部長達には、『これが普通なのだぞ』って言いましたが、ここだけの話、係長候補が、複数人いるなんて、私もはじめて経験しました。その場にいた二人の課長からは『若い社員から、役職者にはどうやったらなれますか？』って、何人から聞かれたって話しもありました」

「組織の雰囲気、変わってきましたね」

「はい、ご相談した時は、リーダー不足が悩みだとお伝えしていました。こんなに早く、リーダーになりたいって、立候補する奴が出てくるとは想像していませんでした」

「これも、社長が自ら実践された結果です。これを継続することで更に大きな変化がまっています」

「はい、あ、すみません。うれしくて、つい」

とS社長はここまで話されて、いつものようにクールなポーカーフェイスに戻ると、口を真一文字に結び、大きく2、3回深くうなずきながら、深々とソファーに身を預けます。右手を差し出して、私に発言を促しました。その後の打ち合わせも、S社長の顔には、時々笑みがこぼれていました。

社員が、役職者になりたくない最大の理由は、役職者の仕事ぶりをみていて魅力を感じていないからです。「あんな苛酷な働き方、自分にはとても無理だ」「あんなに身を粉にして働くのは嫌だ」「あんな遅くまで残るなんて、あんな風になりたくない」等々、やりたくない理由が沢山あります。何よりも、役職者になる理由がないのです。

ところが、マネジメント技術を使うリーダーに恵まれた社員は、自分の成果が変わることをサポートしてくれる上司を理想のリーダーとして捉えるようになります。役職者になる理由が見つかるのです。

マネジメント技術を手にしたリーダーは、自分が一人で成果を上げるというスタイルから脱皮していきます。権限移譲が進み、リーダーの部下も新しい仕事をこなせることで成長も実感していきます。この好循環が始まると、役職者を目指したいという社員が増えてきます。

自分のお手本となる人が身近にいると、社員の成長のスピードは速くなります。マネジメント技術が広がるにつれ、組織の成長スピードが上がるのは、この効果も考えられます。にわかには信じがたい方もいると思いますが、組織に起こる大きな変化のひとつです。

「係長にはなりたくありません」「課長にはなりたくありません」という光景も、そろそろ見納めとなります。

ビジネスでも、プライベートでも同じですが、何か新しいことにチャレンジして続けられることと続けられないことに大きく二つに分けることができます。

続けられることとは、「楽しい」ことです。実践してすぐに変化が分かる。それが楽しい。これなら続けられる。

新しいマネジメント技術が短期間に組織に広がり、なおかつ継続する鍵が、この「楽しい」です。

目の前の社員を成長させることが出来る。これは「楽しい」と感じるようです。リーダーが意図通り、型通り実践すると、部下である社員達は面白いように行動し成果を上げます。そうした事例が増えれば、成長し続ける組織ができあがるのです。

この様をみて、マネジメント技術を手にした多くの社長が、組織の確かな変化を実感されます。社員が発する言葉が変わる。社員の行動が変わる。リーダーが「楽しい」と感じるようになると、リーダーとその組織の雰囲気が前向きなものに変わっていきます。

社員が相変わらず忙しく動き回っていても、前向きな雰囲気を社長は感じとります。

もちろん社長が実感する変化は経営者の肌感覚だけではありません。達成が難しいと思っていた目標が達成される。売上げが改善する。利益が改善する。残業が減る。離職が減る。確かな変化として数字でも実感することができます。

女性リーダーの誕生

S社長の会社の祖業は建設業でした。言葉を選ばずにいうと、昭和の雰囲気が漂う男ばかりの組織でした。S社長は、人不足の解消の面からも、現場でも女性が活躍できる会社を作りたいという強い意図を心に秘めていました。

そこで、女性の採用数を増やしていったのです。ところが、採用の数は増えたものの、特に現場作業の女性の離職率は高く、入社数ヶ月で辞めてしまう人も一人や二人ではなかったのです。

そんな中、中途入社から3年目を迎えることが出来た女性がたった一人だけいました。30代の女性設計士の方でした。S社長はその仕事ぶりをみて密かに将来の幹部候補として育てていきたいという構想を持つようになります。

その女性設計士の方は、設計に関わる仕事のみならず、それに付随する現場の業務に関することには、まったく臆することなく、前向きに挑戦していました。やがて年配の社員からも一目を置かれるようになっていきました。

ところが、自分の仕事を部下に委ねることは苦手でしたし、後輩への指導という点になると、明らかに避けがちだったのです。

S社長からご相談があり、その女性設計士の方もコンサルティングプログラムを受講することになりました。

本人と話すと、仕事にやりがいを見いだし、将来にはもっと組織で影響力のある仕事をしたいと願う一方、人とのコミュニケーションには苦手意識を抱えていました。

最初にお会いした時に、その方はこんなことを言ったのです。

「木村先生、私は高校時代に、コミュニケーションが下手なことを自覚しました。それで理系に進むことにしました。設計の仕事なら、人と話す必要はないと思ったのです」

そこまで話すと、今度はうつむいて声が小さくなりました。

「ところが社会にでて、そうとばかりはいってられないと思うものの…やはり、苦手なままなのです…社長が期待してくださっているのは嬉しいのですが、どうしても、その…」

周りが思う以上に本人は思い詰めている様子でした。私は、次のようにお伝えしました。

「マネジメント技術は、コミュニケーションを苦手と思っている人にこそ有効なのですよ。これまでも自他共に認める、話し下手。コミュニケーションに苦手意識を持っている方は、沢山いましたし、中には、元々話し上手の人よりも早く多くの成果を上げた方も沢山います」と。

少し安心された様子で、その後は、迷うことなく真剣に取り組まれました。

女性だけにかぎりませんが、このマネジメント技術は、コミュニケーションが苦手の方には、とても喜んでいただけます。

「まさか自分が人と話をしながら、相手の成長を後押し出来るなんて思いもしなかった」

つい先日も、プログラムを終えたばかりの、自称コミュニケーション嫌いの男性の方が嬉しそうにおしゃっていました。


この設計士の方は、当初、部下に仕事の依頼をするのをためらっていましたが、半年後には、仕事を任せるのがとてもうまいと言われるようになりました。

部下だけではなく、他部署の後輩にも、上手にアドバイスをし、相手の成長の後押しが出来ることを実感していました。

その方は、2年後には、女性設計士6名のチームを率いるようになりました。顧客からの満足度が高く、社内で2度社長賞を受賞しました。

そして、更に翌年、新規事業を統括することになります。工事部門と設計部門の両方を統括して現在奮闘中です。現在社内では、女性が活躍する場が増えています。新規事業のみならず、既存事業の工事部門、設計部門、そして、購買部門でも活躍しています。わずか4年で5倍の15名になりました。

私がご支援してきた会社の場合は、ご支援開始時は、大概、女性リーダーがとても少ない状況から始まります。

女性の方が晴れて役職者となり、リーダーとなって部下をもっても、周りに女性リーダーがいないため、不安を抱えることが多かったです。

マネジメント技術を使うことで、女性リーダーもまた、組織で成果を次々に出すことができます。

女性リーダーがまだ少ない場合は、良いお手本を早めに作ることがその後に続く女性リーダーを増やすための早道です。

外国人リーダーの誕生

少し話しがそれますが、女性リーダーの話しが出ましたので、外国人リーダーの事例もここでご紹介します。

人不足時代になり、女性も、外国人も、どこの組織にも増えています。ある国内トップブランドの住宅メーカーの責任者の方がこんなことを言っていました。

「折角、(外国人の社員に) 教えても期限付きなので、仕事を覚えた頃に辞めてしまう。それでも、彼らなしではもうやれない」

外国人労働者の現状の問題を嘆いていましたが、その後、法律も変わりました。外国人が期限付きではなく、これから移住も増えていきます。移住が簡単にできるようになれば、外国人の転職も活発になるはずです。ビザの縛りが無くなるからです。

外国人社員も、単純労働としてではなく、組織の要となって活躍してもらうことが、今後益々必要となってきます。更に先を見据えれば、外国人にリーダーのポジションが用意できなければ、魅力ある職場に見えなくなることでしょう。

一方、すでに、外国人の方も、リーダーとして、積極的に関わってもらっている組織もあります。

外国人リーダーにもマネジメント技術を身につけてもらって、実際に部下を抱え、日本人リーダーを遥かにしのぐ成果を出している事例もあります。

S社長の会社ではありませんが、一般社員として転職してきた30代の外国人の女性社員が、2年でチームを持ち、その時に、マネジメント技術を手にされました。

その後、課長、部長とステップアップされて、会社になくてはならない存在になっています。

一口に外国人といっても、国も、言葉も、それぞれ違うケースもあります。外国人リーダーが率いる組織の形態も多様です。

例えば、リーダーが外国人で部下が日本人の時もあれば、リーダーも、チームメンバーも母国語が違うケースもあります。

言葉が違い、文化も違う場合は、意思の疎通に時間がかかり、リーダーも社員も、エネルギーを消費してしまっていました。

マネジメント技術を使うことで、言葉も国も文化も違う人達が、残業を減らしながらも、お客様からの信頼を勝ち取り、売上げも利益も上がる成果を出しています。

外国人の方々もリーダー経験が無かった方々ばかりでしたが、このマネジメント技術は、外国人の方々にとっても、十分、簡単だったようです。日本人と同じように、短期間で自分のものにされています。

経験がなくても社員の成長を加速するリーダーになる

S社長が新しいマネジメントを実践されてから4ケ月目、S社長と打ち合わせをしている時に、こんな質問がありました。

「今回、受講させていただいたメンバーは、長く組織を率いてきた経験がありました。どの程度の経験があれば、このプログラムは効果があるのでしょうか？」

「次の受講者として、具体的にお考えの方はいらっしゃいますか？」

「はい、本来なら、主任以上に一気に受けさせたいのですが、経験を踏まえると、主任だとまだ早いかと思いまして」

「社長のご心配はわかりますが、新卒2年目の社員がマネジメント技術を学び、1年目を次のリーダーとして育成することに挑戦し、成功した例はいくらでもあります。早過ぎるということはありません」

S社長と同じように、マネジメントに関しては、「なんとなく、こうだろう」という考え方があります。その一つが、「リーダーの技術を手にする前に、ある程度、部下をもつ経験を数年して、失敗を経験してからのほうが、学びが多いだろう」というものです。

こうした考え方にも一理ありますが、私達が実験を繰り返した限りにおいては、必ずしも正しくないというのが結論です。

端的に言えば、「悪い癖がついてしまうよりも、正しいやり方を身につけさせるほうが余程良い」のです。

スポーツと比較して考えるとわかりやすいです。ゴルフにしても、野球にしても、自分なりにプロの真似てやってみても、プロ並みに上達することはまずありません。逆にマイナス面が出てしまいます。いつの間にか悪い癖がついてしまうのです。

また、マネジメントというのは、実際にそれを実践するまで、疑似体験が難しい種類のものでもあります。マネジメントは、部下を持つその日まで、決して経験することができないものです。それまでの人生経験の中に手がかりとなる類似の経験もあまりない。

考えてみれば、不思議です。社会人になって9割以上の人が組織に属して働きます。組織で成果を出せば、リーダーになりマネジメントを行うことになります。

組織で働く上でほとんどの人がマネジメントを経験することにもかかわらず、実はこのやり方を誰も知らずにやっているのです。

マネジメントに関するこれまでの常識は、

「最初からマネジメントが上手な人はいません。失敗しても、やりながら覚えればいいのです」

でした。しかし、人不足時代には、非常識となります。経営上もっとも重要な「社員」という経営資源を練習台として利用して、社員を辞めさせるわけにはいかないのです。

これからの新常識は、

「最初からマネジメントが上手な人はいません。しかし、マネジメントの技術を身につければ、どんな人でも、マネジメントを手にすることができるのです」

となることでしょう。

第1章のまとめ

●新しいマネジメント技術を実践することで、5年で売上2倍は実現可能となる。

●今の社員のままで、マネジメントのやり方を変えるだけで、変化を作ることができる。

●組織を短期的に変えるには、理論ではなく、マネジメント技術が適している。

●マネジメントは技術であるため、誰もが練習することで身につけることが出来る。

●トップダウン型の組織は「社員が考えなくなる」という弊害が伴う。

●社員研修は知識の教育には効果的だが、課題解決能力の引き上げには不向きとされる。

●従来の手法では、40代、50代の頑固者の変化を創り出すことは難しい。

●新しい手法を用いると相手の年齢は関係なく、行動変化と持続的な成長を実現できる。

●マネジメント技術が社内に浸透すると、お手本が数多く生まれるため、リーダーになりたい社員が増える。

●リーダーになりたい社員の中から、リーダーを選べるようになる。

●女性リーダーでも、外国人のリーダーでも、同じようにマネジメント技術によって組織で成果を上げることが出来る。

●人が最も貴重な経営資源になった今、新任リーダーが失敗を繰り返し、多くの社員を犠牲にしながらマネジメントを学ぶ手法はとれない。

第2章

停滞組織を
成長組織に作り変える

組織の継続的な成長を実現する条件

社員を辞めさせるリーダーは要らない

序章でお伝えした通り、未曾有の人口減を背景とした人不足時代が到来したいま、人員の確保がもっとも重要な経営課題の一つとなりました。

時間とお金と労力をかけて採用した大切な人材が、次々に辞めていく状態を続けることはできません。経営が行き詰まります。実際に、お客様がいるのに、人不足で営業を継続できないということがすでに起こっているのです。時間の問題で、すべての業種、業態の組織にも起こりえます。

一般的に、リーダーに抜擢される人は、プレーヤーとしての実績を上げた人です。プレーヤーで成果を上げる能力とリーダーとして組織を牽引する能力は別物ですので、ここで悲劇が起こります。

組織の売上げを支えてきたスーパーマンが組織を破壊する悪の帝王になりえるのです。

これからの時代、結果的に、人を何人も辞めさせてしまうリーダーは、会社に最も大きな損失をもたらす人になります。

採用支援ビジネスに携わる専門家が、次のように言っています。

「これから採用の難易度は年々高くなる。今が、一番採用しやすいことを忘れるな」

費用も時間も費やす採用が、未来への投資となるのか、消費となるのか、それはリーダー次第です。

社員を辞めさせてしまうリーダーは会社にとっては一番のお困り者です。得られるだろう利益を奪い続ける張本人だからです。

日本は記録が残る限りにおいて、長期的に人口減を経験したことがありません。2020年代になり、国の存続が危ぶまれるほどに、大変な勢いで人口減が進んでいます。そしてこの人口減の解決の糸口はまだつかめていません。

私達は、世の中の常識が大きくかわる転換点にいます。これは、何度も経験してきた景気の波とは違います。これまで経験した一番大きな景気の変動よりも途方もなく大きな変化の波の中に私達はいるのです。

だからこそ、今いる社員の底上げ、新卒、中途を問わず、新しく入社する社員を戦力化できるリーダーの育成が急務です。

社員が残り、活躍する社員が増える最重要な要素

ある会社の48歳の課長代理の事例です。

その課長代理は20代の頃は、全く別の仕事をしていた方でした。職人をしていたのです。その方、真面目で向上心も高い方でしたが、前職時代からすでにそうだったのでしょう。10年は修行の時代と言われていたのに、その方は、5年で後輩を任されるようになったのです。いわゆる、トッププレーヤーです。ところが、リーダーとしては、まったく違う一面を見せることになります。

その課長代理の方が以前の自分の姿を振り返って言いました。

「今じゃ偉そうなこと言っていますが、昔は、いつも自分の上司に文句を言っていたのですよ。『なんで、こんなに出来の悪い奴を採用したのだ！』とか『こんな奴、見込みゼロだからさっさと辞めさせましょう』とか、言っていたのです」

「今からは想像できませんね」と私が応じると、

「いや本当に恥ずかしい話しです。謝れるなら、あの時の人達に謝りたいですよ」

御本人が言うには、その昔、自分の部下に配属される社員達はほとんど育つことなく、次々に辞めていたそうです。少し教えたら辞める、また少し教えたら辞める、の繰り返しで、疲れてしまったそうです。その後、転職して現在の会社にいます。

新しいマネジメントの技術を手にしてからは、彼の元に6年間で30名以上の部下を新規で採用してきますが、辞めた人は2人だけです。

その2人の周辺情報を聞く限り、採用のミスマッチと呼べるもので、育成に問題があったわけではありません。その証拠に、その課長代理の部下達は、自分の部下を育成することが当たり前になっていて、他部門のお手本のようになっているのです。

採用のミスマッチを減らす工夫はもちろんできますが、それ以上に必要なことがあります。それは、人が喜んで働く条件を整備することです。

人が喜んで働く条件とは、社員が成長する環境です。人間にとって成長するというのは、本能に近いものです。人間が生きていく上で、成長することは、ご飯を食べると同じくらい重要なものなのです。

実際に、これまでご縁を頂いた社長の皆さんにご協力をいただき、辞める意志をした100人以上インタビューしてきました。退職意思を表明した社員の中で、会社が引き留めたいと思う優秀な人材には共通の特徴があります。

向上心が高く、勉強熱心で、成長欲求が高いことです。自分がもっと成長できる場を求めていました。つまり、優秀な社員に残ってもらい、将来活躍してもらうためには、「成長」がキーワードなのです。

成長しない社員を創らない

S社長の会社のように、社員の多くが「成長」するのが当たり前だと考え、それに向かって行動するように転換できたのは、S社長が、「成長しない社員は創らない」と決めたことから始まりました。

S社長はその具体策を手にして、成長が停滞しているリーダーを成長するリーダーへと変貌させたのです。

まず、リーダー自身の成長スピードを上げてもらいます。これが、S社長が手にしたマネジメント技術の一部です。リーダーの成長スピードが上がると、文字通りトントン拍子に組織は変わっていきます。社長の意図が組織に反映していく様が、はっきりと目に見えてきます。

自らが成長するリーダーから成長する社員が生まれていきます。「成長」が当たり前になる社員が増えれば、それが新しい環境となり、組織の成長スピードが速くなる。S社長が短期間に実現したことです。

そんな理想的な状態が生まれてきます。成長する社員が自動的に生まれていく機運が高まるのです。

その反対もあります。社員の多くが、3ヶ月前、6ヶ月前と変わらない、「停滞」している社員が多い会社では、成長に向かって努力する必要がありません。周りの社員が同じように、成長することではなく、変わらないことを選択していくのです。

成長が当たり前の会社では、社員は成長し、停滞が当たり前の会社では、社員は停滞する、これが真実です。

社員が成長する状態を創ればいいわけです。これが実現できればいくらでも売上げを改善し、自社の良い商品、サービスをもっと多くの人に提供できることになります。

これが、マネジメン技術を手にした会社が、社員が成長する環境を整えることで、実現している組織の形です。

実践されると分かりますが、若い社員を成長させることは、マネジメント技術を手にすれば、比較的簡単にできます。数ヶ月で驚くべき変化を遂げていきます。組織にとって、これ自体も重要なことですし、大きなインパクトもあります。しかし、それはゴールではありません。成長する社員を作り続ける組織を創り上げる上で、大切な視点があります。

今年入社して、初々しさが残る社員も、30年たてば50代になります。今から成長し続けるようなマネジメントの仕組みを整えるならば、次の時代を担う頼もしいリーダーに育っていくことでしょう。

一方で、もし何もしなければどうなるでしょうか？

S社長の会社でもかつてはそうだったように、40代、50代の社員の方の停滞が、「成長」が当たり前の組織にするための一番大きな障害になってしまいます。そのベテラン社員の部下や、後輩が日々影響を受けてしまうのです。

成長し続ける組織を実現させるためには、若い社員はもちろん、40代、50代、そして、60代になっても、年齢、社歴に関係なく社員でいる限り、成長し続ける状態を創り上げることが何より大切です。

40代、50代の社員すら成長する本物の技術

人不足の時代の新常識は、社歴が長ければ長いほど活躍する社員となることです。40代、50代の社員が一番活躍する社員となれば、ほとんどの組織が抱える問題は解消に向かいます。

私達が直面しているのは、未曾有の人手不足です。40代、50代、そして、60代が組織の足かせになるとしても、早々にお引き取りいただく、という選択肢はとれません。

ベテラン社員がいつまでも第一線で活躍し続ける状態を創ると決意し、対応できるように組織を変える以外にないのです。

社員が高齢化しつつも、社員と組織の成長を実現しなければならない。一見すると、何やら大変なことのようですが、安心してください。多くの事例があります。マネジメント技術を使うことで、年齢が高くても着実に改善できるのです。

40代、50代、60代の成長事例から、いくつかご紹介しましょう。

まずは、ある70代の経営者の事例です。一代で事業を立ち上げて、いよいよ次世代に引き継ぐ準備をしたいというご相談を受けてご支援を始めました。

創業社長ならではの熱量で、多くの人を魅了する一方で、身内である社員に対しては厳しく、リーダーが育っていませんでした。入社して数年、仕事に慣れてくると、ほとんど

の社員が辞めてしまうのです。入社1年目の離職率は50%を超えていました。3年を超える社員がほとんどいない状態でした。

社長より若い社員は、50代が1名、40代が2名しかいませんでした。残りは30代、20代の一般社員です。

最初にお会いした時、社長の溢れんばかりの熱意に圧倒されたことを覚えています。社長は、ご自身の半生をお話くださいました。

若い頃の社長は、お金が先で、お客様の満足は二の次であったそうです。30代前半で、経営が苦しくなり、自己反省を繰り返すことになります。

様々な学びを求め、考え抜いた結果、社長はある決断をします。

経営する上での判断基準をお客様第一にすると決めたのです。以後、ひたすら、お客様の健康のために、お客様の笑顔のために、店舗運営を進めることだけを実践してきたそうです。この事を身振り手振り交えて、社長は溢れんばかりの熱意で語ってくださいました。

この思いは、日頃から社長がよく口にされることでした。そして、社員への指導の際、熱が入っていくと、顔を真っ赤にさせて数十分も叱り続けるのでした。

もっと多くの方に良いお食事、心地よいサービスを提供したい。この社長の熱い思いとは裏腹に、店舗の数は増えることもなく、社長が先頭に立って現場で指揮を執り続けていました。店を任せても良い人材が育たず、思うように店舗数を伸ばすこともできなかったのです。

こだわりを強くもった社長のお年は70代前半です。数少ないリーダー候補の社員が次々に会社を辞めてしまうことの原因が、社長自身にあることに社長は気づいていました。しかし、ついつい同じ行動をとり続けていました。

この社長がマネジメント技術を習得されて、効果を実感したのは3ヶ月目のことでした。その時を境に、社長は心を決めました。以前のように社員を叱り続けることをきっぱりと辞めたのです。

「怒りそうになると、いつも木村先生の顔が浮かびます」

と後日、照れ笑いしながら教えてくださいました。

社長が社員への対応を改めて、半年過ぎた頃から、出店計画が加速していきました。コロナ禍で出店が一度止まりましたが、社長が受講された後、3年で倍の規模に成長されています。

事例1　社長が一度は諦めた？　60代元部長、男性の事例

印象深い事例の一つ、Ｋさんの事例をお話しましょう。

法人向けのサービスを展開する事業を営む会社で、Ｋさんは、役職定年を迎えて２年が過ぎた時にお会いしました。

Ｋさんは、部長職という肩書きはなくなったものの、屋台骨となる事業を立ち上げた功労者で、社員の誰もが一目置く大ベテラン。

知識は社内随一と本社所属の全ての社員が認めるところでした。業界にも広い人脈があり、創業から最初の10年の取引先は、ほとんどがこの元部長のＫさんが受注案件に絡んでいたそうです。

社長からも当初はご意見番として、ことある毎に相談されていたのですが、社員の数が増え、売り上げが60億を超え、社長が上場を意識するようになると、社長との関係が変わっていきました。

若い社員が増える中、社長は新しい試みを矢継ぎ早に仕掛けていきました。

それに、ことごとく反対を唱えていたのが、Ｋさんです。部長職が解かれた後から更に状況が悪化していきます。Ｋさんは、息の掛かった中堅幹部と仕事帰りによく食事に行きました。その後に酒が入ると、ついつい社長への苦言が口をついてでてきます。中堅幹部

の中には、一緒になって社長批判を口にする者もでてきていました。

そうしたことが社長の耳にも入るようになったものの、大口の顧客の多くがKさんとのつながりが太く、社長も思いきった手を打てずにいました。そのような状況の中で、ある方からのご紹介で、社長のご相談を受けることになりました。

「元部長のKの行動は目に余る。出来るだけ影響の少ないように、辞めさせてしまいたい」

というのが当初の社長の要望でした。

社長の了解を得て、Kさんの元部下3名、他部門の4名、合計7名の中堅幹部の意見も聞きました。すると、Kさんの影響力の強さを印象づける発言が多くありました。

「自分が今日こうして仕事で成果を上げることが出来るのは、Kさんのおかげ」

と直属の部下以外の方からも同様の発言があったのです。中堅幹部のKさんへの信頼は大変厚いことがわかりました。

その結果を受けて、社長には、次の提案をしました。

・Kさんに対して、半年間の区切りをもった上で、建設的なアプローチを試みる

・その結果をみてから、次の手を考える

社長は「期限付きならば」とあまり気乗りしない顔でしたが、了解いただきました。

早速、新しいマネジメント手法をフル活用して、社長がKさんに実践しました。すると、

Kさんの動きは速かったのです。社長が依頼した以上の成果を出したのです。Kさんは、自分の人脈をフル活用し、大手との新規の案件を次々と成約しました。いきなり、上半期で営業トップの実績を叩きだしたのです。

更に、社長が肝いりで始めたものの、うまくいっていなかった新規事業に対しても、サポートを申し出ます。その新規事業は、若手中心に始めたものの、知識不足と営業力不足で立ち上がりが遅れていたのです。

Kさんは、その新規事業が取り組む業界に対する知識と、次に起こるその業界の変化を見極めていました。

若手と一緒に同行しながら、新規顧客へのアプローチの方法を修正しました。提案の内容が、相手の要望に合っていなかったのです。初回訪問から2回目の訪問への移行率が50%以上も改善したのです。更に、若手社員の弱点を見抜き、業界知識や、提案書の改善のための勉強会まではじめてくれたのでした。

後に、この新規事業の伸び率が高いことがポイントとなり、上場に向けた取り組みが大きく進むきっかけにもなりました。

5ヶ月目の報告の折、社長は、腕を組みながら天を仰ぎ

「前からずっと同じことを言っていたけどなぁ」

愚痴るように言いましたが、元部長のKさんの変貌ぶりには大変満足していました。社長がKさんと意図のある対話をしたことで、二人の信頼関係は修復しただけではなく、更に強固なものになりました。

後日、社長から聞いたお話しです。社長は、Kさんへ取締役への就任を打診したそうです。その時のことを振り返り社長が

「1回や2回じゃないのですよ。5、6回頼みました。断らないでしょ。普通。やっぱり、Kさんは、本当に頑固で…参りましたよ」

文句を言っているようで、何やら愉快そうな表情をされていました。前後に身体を揺さぶりながら、楽しい思い出話をするように教えてくれました。

社長曰く、Kさんは、その後にもう一つ、新しく作った新規事業の分野の分社化には意欲的だそうで、分社後には、その会社の役員として活躍したいと張り切ってらっしゃるそうです。

相手が、50代、60代という年齢になると、途端に「もう変わらない」と端から諦めてしまう人が多いのです。確かに、マネジメント技術がなければ、相手が社歴も年齢も上の場合は、どのようにアプローチしたら良いかもわかりません。

しかし、マネジメント技術を使うことで、何の迷いもなく、年上の部下へアプローチが

出来るようになります。

50代、60代のリーダーの下には多くの社員が集っています。リーダーの部下である社員達の未来のためにも、50代、60代のリーダーには建設的にアプローチすることは重要です。

事例2　50代前半、自分にも他人にも厳しい部長の事例

ある地方の法人向けに販売を営む会社に所属する、50代前半の部長の事例です。

その方は、自他共に認める、仕事に厳しい方です。若い頃から自分自身の成長を第一に考えて、自分が一番成長する企業を選んで就職したという方でした。自分にも厳しい方は、自然と他人にも厳しくなります。まず、自分がうまくいった方法を他人にも踏襲させようとします。

その方は、その会社をより良くすることを真剣に考えていました。部下が自分以上に成長してくれることを心から願っていました。しかし、社員を動かす方法が分からなかったのです。そのため、自分がやってきたことを部下に要求しました。成長するには、「厳しいこと」をより多く経験し、厳しい現場をより多く乗り越えれば良い、の一点張りでした。

その方の直属の部下は3年もたず、課長時代、部長時代の10年で、18名の部下が辞めていました。それほどまでに、社員を辞めさせているにもかかわらず、その方が部長でいたのには、理由がありました。

その方の厳しいしごきに耐え抜いた方が2名だけいたのですが、その2名の社員が将来の幹部候補として、周囲が驚く成長を遂げていたのです。その二人の成長ぶりには、社長も、周りの幹部も認めていたのです。

そして、その2名は、その部長にとても感謝していました。

部長に対する社内の評価は分かれていました。「あの部長のしごきに耐えれば、確かに成長した事例とも言えないこともない」という意見がある一方で、「いくら何でも辞めさせすぎだ」という意見もあったのです。

社長も部長を厳しくいさめることができませんでした。そもそも、その部長を厳しく育てたのは、社長自身だったと反省されていたのです。

しかし、採用が年々厳しくなると、辞める社員の不足分を補えず、販売の現場や、顧客サービスの質にも影響がでていました。

その会社の社長がご相談に見えた時、社長は悩まれていました。

「あいつの言っていること、やっていることは間違ってはいないが、もう少し、成功確率を上げないことには、売上げを拡大するどころか維持すらできない」

と社長はおっしゃり、しばらく沈黙。

「あいつも、たしか今年52、3（歳）だったと思います。今からでも変わりますでしょうか?変わるとは思えないですが、ダメなら、辞めさせるしかないと…思っています」

社長はじっと私の目を見て言葉を選びながらお話されました。お話をされた後、とても寂しそうな目をされたのが、印象に残っています。

プログラムの実施が始まると、その部長は、新しい手法を学び、そのやり方を大きく転換しました。

部長も、社員を辞めさせたくて、厳しく指導していたわけでは無かったのです。やり方が分からず、自分の考える方法をやり続けるしかなかったのです。

マネジメント技術の獲得後、その方の元で辞めていく人はピタリと止まりました。そして、部長に質問や相談が多く持ち込まれるようになりました。他部署の社員も、その人の知識や技術を認めていたものの、下手に質問や相談をして、大目玉を食らったら大変と遠巻きにしていたのです。

「前は怖かった」部長は、変貌を遂げて、多くの社員から尊敬を集めるように変化していったのです。

このように、リーダーや社員が幾つになっても、成長することができます。マネジメント技術を使えば、50代60代の社員でも成長させ続けることができるのです。

リーダーの進化、成長なくしては、組織の成長、発展はありません。社員の年齢を言い訳にできません。

組織の成長は、社員個人の成長なしにはありえないのです。目の前の社員が若くて柔軟であっても、いずれ年を取り、今ほど素直ではなくなります。社会全体の高齢化は止まりません。最善策は、ベテラン社員、高齢社員でも、成長し続ける状態を当たり前にすることです。

ここでご紹介した事例は、ほんの一部ではありますが、本書をお読み頂いている経営者の方々が勇気を持つことにつながれば幸いです。

M&A成功事例に学ぶ、組織変革に必要なもの

M&A成功の鍵

S社長がM&Aに積極的に取り組むことになったのは、支援を始めてから3年目が過ぎた頃です。

M&Aを本格的に検討し始めた理由は、社員を動かし、組織で成果を出すリーダーが、続々育つ様子を間近にみて、M&Aの機は熟したとお考えになったようです。これまでにもご支援した企業がM&Aを実施する場面がありました。私達が考えるM&Aの成否の鍵はマネジメントです。

M&Aには、短期的な成功、長期的な成功があります。

短期的な成功とは、買収企業の黒字化、もしくは、利益の改善です。これを実現するためにマネジメントの改善が大いに役に立ちます。買収先の社員を意図通りに動かせれば、「売上げを上げる」、「利益を改善する」は実現できます。たとえ買収前は赤字企業であっても、2年以内には黒字化していきます。

一般的には、短期的な成功は、他の手法を取ることのほうが多いです。利益改善のために、費用の圧縮をし、取引条件の変更等を中心に行うのです。もちろん、これも大切なこ

とです。しかし、削減一辺倒、現金回収一辺倒で実現する、縮小均衡的な施策で実現する短期的な成功は、長期的な成功につながりません。

長期的な成功とは、買収企業の企業文化の変革です。

企業文化の変革とは、社員の判断基準を変えることです。詳しくは後ほどお伝えしますが、企業文化を創るのはマネジメントによって実現できます。その結果、相手の企業の独立性を保ったままでも十分な成果を持続的に拡大することが可能となります。

短期的成功と長期的成功の両方を実現するための鍵はマネジメントなのです。

実際に、M＆Aの失敗は、「企業文化の違いが埋まらないこと」が、最大の理由のひとつとして上げられます。マネジメントの改善なしに、企業文化の違いを乗り越えることは、不可能です。

S社長が想定していた買収先は同業の会社でした。事業構造や費用構造には全く心配していませんでした。最初から、S社長が自社でやったことを買収先で繰り返すだけでよいと考えたのです。

S社長は、新しいマネジメントを浸透させれば、社員の生産性が改善することはわかっていました。営業部門のみならず、建築、設計、工事、購買、積算、そして管理部門、と全ての部門で確認していました。買収先が同業だったこともあり、それぞれの部門での変化を精度高く予想することができたのです。

S社長からは、一度だけこの件で相談を受けました。

「木村先生、マネジメント技術は転用可能な技術と教わりました。うちの会社で起きたことはその通りでした。うちの会社に起きたことは、他の会社でも実践できるってことで良いですよね」

「もちろんです。同業はもちろんですが、異業種の場合でも、まったく同じですよ」

「異業種も…ですね」

とご自身に言い聞かせるようにいうと、続けておしゃいました。

「M&A実行します。必要な時は、ご支援お願いします」と。

すでにお伝えしたように、実際に買収後、買収先の取締役3人に対して、マネジメント技術のトレーニングを実施しました。ただ、その後は、S社長が将来を見込んだ部長と課長3名が本体から送りこまれ、その部長、課長中心に実践が進んでいきます。

2年で黒字化を目指していたのですが、1年前倒しとなり、M&Aを実施して6ヶ月で単月黒字化を実現し、なんと通年で初年度から黒字化に成功しました。

S社長によるM&Aは、その後も続いています。そして、これまでのところ、連戦連勝です。

マネジメント技術を手にすることなくM&Aを実行した場合と、それを手にした後にM&Aを実行した場合の違いは目を見張るものがあると、ある会社の社長がおしゃっていました。

大きな違いの一つは、買収先企業の社員が辞めないばかりか、短期的に生産性が上がることだと言うのです。

新しいマネジメントを導入することで、導入前に比べると、社員がやるべきことがより明確になります。社員が仕事に対してやりがいを感じるようになります。通常は珍しいことされますが、M&Aをされたことを好意的に受け取る社員が増えるのです。そのため、離職が抑えられます。

過去にM&Aの失敗で辛酸をなめた社長の多くは、買収先の企業の社員の離職により、買収先の企業の売上維持さえも困難になった経験をされています。

人不足の今、Ｍ＆Ａの重要な目的のひとつに、そこで働く社員の獲得も含まれます。社員が辞めてしまっては、Ｍ＆Ａを実行した意味がなかったことになるのです。仮に社員が辞めてしまうと、補充がすぐにできません。あっという間に業績が悪化していきます。財務的にも大打撃を受けることになります。

買収先の社員の離職を抑えられることで、改善がより早く進む前提が整います。新しいマネジメントの浸透ともに、生産性は上がり、売上、利益を一気に上げることができます。買収先の社員が辞めずに、残ってくれてはじめて改善が出来るのです。

事業承継問題の根本原因を知る

S社長が買収した会社は、長く地域に特化してサービスを展開した会社でした。顧客を抱えていながら、社長が高齢で跡継ぎがいない状況だったのです。

元々、お子さんがいらっしゃらず、次代を任せられるリーダーの育成を社内で進める方針でした。実際にはそれが実現できずに、事業を売却する選択肢をとることになりました。

S社長が、最初に先方の社長とお会いして概要を聞いた時のことを回想して話してくれたことがあります。S社長曰く、

「まるで少し前の自分の会社をみているようだった」

とのことでした。

社長は70代で5、6年ほど前から体調が悪い状態だったそうです。聞けば社長以外の2名のリーダーが30名の会社を支えている状態でした。50代の部長2名が現場を切り盛りし、残りは40代前半が3名、残りは30代の社員達という構成でした。

リーダーの育成が進まないと、経営者とそのリーダーの年代が10年以上離れてしまったり、更にリーダー層と一般社員の年齢差も気軽に話せなくなるほど開いていきます。そういう組織の多くは、指示が一方通行となりがちです。そうなると、若い社員の離職が多くなり、組織として成熟することが難しくなるのです。

なぜ、これほどまでに、リーダー育成が進まずに、事業の存続が厳しくなる状態を迎えてしまうのか、どうしてリーダーが育たなかったのか、それにはいろいろと事情も理由もあります。

同族会社であれば、血筋や家族関係の独特の事情も絡みます。今振り返ってみても、やむにやまれぬ理由があったはずです。

しかし、それがどんな理由であっても、リーダーが育たない企業の末路は決まっています。経営が行き詰まるのです。

こちらも、社長が高齢であり、病気がちで体調を崩されていて、後継者がいない状態でした。10年後の会社の状況を社長も含めて誰もイメージできない状況にありました。

リーダーの育成機能がない会社には、未来がなくなります。中小企業の事業承継問題の根本原因は、次代を担うリーダーの育成が進まないことです。

任せられるリーダーを社内で量産出来る機能を持つ

多くの企業では、リーダーは育成するものではなく、偶然、出現するものです。たまたま、そういう人が現れた、というわけです。

頻繁に出現すれば良いのですが、事業承継問題がこれだけ大きな社会問題になるくらいですから出現頻度が足りてないというのが実情です。

これまでと同じように、リーダーの出現を待っているとしたら、組織の未来は陰鬱なものになります。

ご支援当初、84億の売上げを誇る、ある分野で国内トップクラスの販売を行っている企業がありました。その後、４年で１００億突破することになりました。４年で15億円強の売上げ増を実現したのです。しかし、その前は、10年間で10億増やすのがやっとでした。社長は、その10年間を停滞期と認識されていました。

停滞の理由は、15年前の当時はまだ珍しかったM＆Aでした。同業他社を2社立て続けに買収しました。買収した側の企業は、野武士集団的な組織で、営業力の強さで市場を席巻した企業でした。支店の数は、買収後に2倍となり、一気に業容が拡大するはずだったのですが、シナリオ通りに進まなかったのです。

毎年何千万も投下して、営業マンの育成をしたおかげで、売上げを上げられる営業マンの数は増えていき、５年単位で見れば、右肩上がりではありました。買収を仕掛けた側の企業の強みが営業力だったので、営業力を強化すれば、同じように進むことが出来るだろう、という算段でした。その目論見はある程度うまく進んだといえました。

ところが、単年度ベースでみていくと、上がる年もあれば、下がる年もある状態だったのです。かつてのように、一直線に右肩上がりというようにならなかったのです。社長はその理由を、「支店運営を任せられるリーダーの育成が進まないこと」と結論づけていました。

その会社の社長がご相談に見えた時、Ｍ＆Ａ後に起こった出来事、営業マン研修でなんとか業績を拡大し続けてこられたことを説明された後、ため息交じりにおっしゃいました。

「結局、支店長次第なんですわ。営業マンをいくら育てても、支店長次第で、（営業マンの）成績が左右されるんですわ。本当に支店長の育成できるのやったら、これなんぼでも、（売上げ）伸びますよ」

その社長の予言?通り、支店長のマネジメント力を引き上げたところ、売上げが積み上がっていきました。

しかも、約15億円の増加の間には、社員の出入りはありましたが、実質的な人の増員はなかったのです。社員の生産性が向上したのです。利益が驚異的に増え、社員にも還元することができました。

この会社のように、売上げ5億円から10億円規模の支店の運営を任せられるリーダーを自社内で次々に創ることができると、組織の業績は一変します。

支店を任せられる、工場を任せられる、事業部門全体の指揮を任せられる、こうした「任せられるリーダー」が増えれば組織は強くなっていきます。一方、その会社が陥ったように、リーダー以外の社員の育成が進んだものの、リーダーの育成が進まず、いつかリーダーが出現することを待っているようでは、組織が停滞するのは避けられません。


リーダーが、任せられるリーダーなのか、任せられないリーダーなのか、この基準は明確です。組織で成果を上げるリーダーは、組織に所属する社員を成長させることができます。そうしたリーダーの下では、社員の売上げは当然上がります。生産性も上がります。生産性が上がるので、利益も上がります。これが任せられるリーダーです。

この会社では現在、任せられる支店長、店長候補のリーダーが続々と生まれるようになっています。まさに、量産される状態にあります。

営業リーダー職が、新しいマネジメント手法を実践して、後輩を育てることを自然にできるようになっています。どんなに忙しいトップセールスマンであっても、無理なく、簡単に残業ゼロで出来るため、これが実現できるのです。

御社の入社2年目の社員は、入社1年目の社員を指導出来る状態にあるでしょうか？　それとも、2年目になっても、3年目になっても、自分の事だけをやっているでしょうか？

新しいマネジメント技術を導入した企業では、入社2年目、入社3年目、4年目の若手リーダーが、自分達のすぐ下の後輩社員（入社1年目、2年目）を指導したり、支援したりします。その結果、従来の半分以下の期間で、中堅社員に匹敵する売上げ、利益を上げるまでに入社間もない社員を成長させることができます。

このように、入社2年目の社員がリーダーになる組織に転換できれば、部門全体を任せられるリーダーを意図的に創ることは難しくありません。

社員の成長が加速する環境の作り方

コロナ禍でも96%の社長が成功

コロナ禍では危機的な状況に陥った企業からの相談が一気に増えました。そこで、私も大実験をしてみました（とはいいませんでしたが）。

危機打開で何よりも大切なのは、変化のスピードです。間違いがあってやり直したり、手戻りしていたら、資金が枯渇するという企業もあったからです。

半年間で成果が出るのは分かっていましたが、私の中では3ヶ月での成果にコミットしてやったのです。

結果は96％の社長が3ヶ月で成果を実感しました。実験は成功したのです。

そして、社長自身が実践した会社の業績は、100％V字回復を実現しました。

旅行業、飲食業では、「顧客が一瞬にしていなくなる」という恐ろしい体験をした方もいました。連日大盛況だったお店が、店を1日あけても、2～3人しかお客様がこない状態になりました。天国から地獄。如何に未曾有の混乱からの転換をはかるのか、組織の停滞は一瞬でも許されない状況でした。

直ちに手を打たなければ、コロナ前は常勝集団だった企業でさえ、急転直下で霧散寸前に追い込まれていったのです。時間との闘いの中で、数ヶ月で社長の意図通りに組織が動く状態を整えました。新しい戦略を着実に実践できるからこそ、そこに活路を見いだせたのです。

一般的に言われるように、リーダー作り、組織作りに時間が掛かるのであれば、この戦略は絵に描いた餅どころか、完全に誤りです。

しかし、事実は違います。組織が時間との戦いに直面してもなお、短期間に任せられるリーダーを育成することができました。任せられるリーダーを作ることは、社長の意図通りに動く組織ができ、最短で成果を生み出す最善の一手なのです。

社長の半年間の取り組みから全ては変わる

創業経営者の方々の共通点は、スピード重視の方々が多いことです。事業を創るために、スピードが重要な要素であることを改めて実感します。この社長のスピード感が、組織のスピードの基準となります。

お客様をお待たせして存続できる企業などありません。組織の都合で遅れることを待ってくれるお客様なんかいません。

やはり、スピードが命です。

私達はマネジメント改善もスピード重視で考えています。ゆっくり1年かけてやろうとお考えならば、他の方法でもよいのでしょう。私達は、成果がでるのが1年後だなんて、冗談じゃないと、考えています。

もちろん、それまでの経緯も考慮しなければいけないのです。20年間トップダウンだった会社と、創業したばかりで2年間トップダウンで走ってきた企業が同じスピードで変わるとしたら、それは魔法の部類で、この世のものではありません。

ただ、いずれの場合でも、半年で成果を上げる。それにこだわっています。

もちろん、相手がある事ですから、私がいくら熱くなっても、はたまた、超ロジカルにプロセス設計しても、実際に実践していただくのは、社長になります。社長の固い決意なしには何一つ動きません。

これまでいただいた社長さまとのご縁は素敵なご縁ばかりです。そのほとんどの方が創業社長ですので、実行力は人一倍ある方々なのです。コロナ禍という二重三重の苦難が折り重なる中であっても尚、社長が3ヶ月継続して実践すれば、必ず成果を実感していただくことが分かったのです。これはS社長の事例でもお話をしましたが、相手が年上の社員であっても、社内で一番の頑固者であっても、結果は一緒でした。

ただ「社長の固い決意」については、少し補足が必要です。「社長の固い決意」は、人によって解釈が分かれるところだからです。組織の変化を創り出すための「社長の固い決意」は、意識だけでは不十分です。行動に裏打ちされたものです。

短くとも3ヶ月、通常であれば半年間は、決めたことを着実に実践すること、これが、「社長の固い決意」の行動です。

先に述べたように、創業社長に共通するのは、並外れたスピードと実行力です。

創業社長にはもう一つ、共通する特性があります。この特性がくせ者です。時に「社長の固い決意」を骨抜きにすることがあるのです。

創業社長に共通するもう一つ特性とは、普通の人の5倍、10倍もある好奇心を持っていることです。

創業社長は、とにかく新しいものが好きな方が多いです。常に変化を求めています。次から次へと試したくなるのです。

実際に、コロナ禍の緊急事態下でもなお、4%の社長は、同時に新しいことに手をつけられたのです。その方々の場合も、会社の業績は、危機的な状態にありました。しかし、次々と手を出してしまっていました。

社長がどれほど情熱家であっても、人一倍の体力があっても、はたまた、生産性が並外れて高い方でも、1日の時間は24時間しかありません。限られた時間の中で、新しいことを同時にいくつも手をつけると、超人的なパワーをもった創業社長であってもなお、どれ一つ進まなくなるのです。その結果、途中で投げ出してしまった方がいました。

もし、1日も早く、社長の意図通りに成長するリーダーを創りたいのであれば、半年間だけは実行すると決めることです。

創業社長が半年間取り組めば、相手が一癖も二癖もある頑固者であったとしても、意図して変化を創り上げることができます。半年間あれば、業種業態も関係なく、社長ご自身の年齢、性格も、そして、社長になっての経験年数も関係なく、ほぼ確実に変化を意図通りに創り上げることができます。全ては社長が起点となります。

人の行動に最も影響を与えるのは環境

２０２０年、突然、世界中の人達がマスクをつけるようになりました。特に欧米では、マスクをするのは、病気の人か、ちょっと変わり種の潔癖症な人だけと決まっていました。いわゆる普通の人がマスクをつける習慣はありませんでした。

マスク装着に対する抵抗はすさまじいものがありました。マスクをつけることに反対運動も起こりましたし、マスクの装着を巡って殺人事件まで起こったのです。それほどまでに、頑強な抵抗があったにも関わらず、ほとんどの人は大嫌いなマスクをつけました。これは環境変化が、人の行動に変化をもたらしたという事例と言えます。

拙著、「ストレスゼロの仕事術」でもお伝えしていますが、進化論で有名なダーウィンによれば、生物の進化に必要なものは、環境変化への適応だと結論づけられています。環境適応をすれば、生き延びることが出来る。環境適応できなければ滅ぶ。環境変化への適応こそが、進化、成長を実現出来るというわけです。

私達自身の祖先がアメーバーだったというのは、想像の限度を超えるような話ではありますが、ここは科学者の言葉を基にして話しを進めます。

進化論によれば、環境変化への適応が進んだ結果、今日の人類の姿につながっています。環境変化こそが、生物全般、人類の行動に最も強い影響を与えるものです。

このすさまじいまでの環境の力をマネジメントに利用しない手はない。私達は、15年以上もかけてその手法を研究し、改善を重ねてきました。

その結果、まさに、環境変化というものを擬似的にマネジメントに取り組むことで、進化論の理論をマネジメントに応用することに成功してきました。

環境の力をマネジメントに活かせると社員の育成の手間は大幅に減らすことができます。相手の意志とは関係なく、変化を創り出していくことができるからです。

人間は生物の一種であり、ＤＮＡに深く刻まれてきた進化成長の理は、強力です。新人リーダーがこの手法を使うことで、経験のあるリーダーと遜色なく、社員の成長支援を強力に進めることができます。

それ故に、環境の力を使うことで、社員は特に意識することもなく、着実に成長していくことが当たり前に出来てしまうのです。

組織存亡の危機からの大逆転

コロナ禍の夏のある日、ある社長からご相談をいただきました。コロナの影響をもろに受けて、売上げ急減で赤字となり、資金も枯渇寸前という状態でした。

社長は理念を大切にされて、世の中への貢献意欲も高い方でしたが、創業してから17年目でもっと深刻な危機に直面していたのです。

もちろん、ベテラン経営者は、じっとしていたわけではありません。次から次へと新しい打ち手を繰り出していました。しかし、幹部社員達から猛烈な反発を受けたのです。刻一刻と、倒産という最悪の事態が現実味を増していきました。

社長には「これを実現できれば乗り切れる」という明確な打ち手があったのです。ところがいくら説明しても、幹部社員が動かなかったのです。社長の見ている景色と社員の景色は当然違います。

一部の幹部社員からは「そんなことは意味がない」「それをしても効果は無いだろう」挙げ句は「私はそうは思わない」「社長の言っていることがわからない」等々、停滞組織、ここに極まる。そんな状態だったのです。

社長は資金調達に奔走し、追加融資を受けながら、ギリギリの状態が続きました。売上は低空飛行のまま、銀行残高は着実に毎月減っていきます。社長も迷い続けていました。

一度ご相談いただいてから、半年間が過ぎていました。社長も社員に対して新しい手法が本当に有効なのか、懐疑的でもありました。

後日、その社長から聞いたのですが、実際に導入に踏み切る前に、一番悩んだポイントは、「こんなに簡単な方法で本当に変わるのだろうか？」ということだったと、大笑いしながら、お話いただきました。

もし、このままの状態が続けば、半年後に会社は存在しない。社長はいよいよ覚悟をきめました。社長に必要な「固い決意」が整ったのです。

社長が「固い決意」をしてからは、急激な変化の連続でした。私も時間との戦いということで、いつもと違う対応をさせていただいたのですが、社員の方々の抵抗の激しさは熾烈を極めました。

一部のベテラン社員、一部の幹部社員の中には、会社に対する不信感を口にして、社長の指示に真っ向から頑強に抵抗したのです。組織の存亡を分ける、起死回生のプランの実行が危ぶまれました。口には出しませんでしたが、間に合うだろうか、と一抹の不安を私も感じたものです。

社長がマネジメント技術を手にしてから、３ケ月。いいえ、１回目から変化を実感していました。

あれほど頑強に抵抗していた幹部社員の発言の変化に、社長はただただ驚いていました。コロナ禍の前からずっと、社長が具体的な打ち手を考え、幹部達には、詳細な実行の手順を全て伝えることを実践していました。それに対して、一部の幹部はあからさまに不満の表情や態度を取り、文句を言いながら行動する。もしくは、反対意見や出来ない言い訳を並べ立てる。そして結局、新しいことには取り組まない。それが当たり前の光景だったのです。

ところが、マネジメント技術の適用後、社長の方針に対して、幹部達から出てくる言葉は変わりました。幹部達から提案や前向きな意見が飛び出すようになりました。幹部社員達が一斉に動き始めたのです。

銀行に提出した計画を着実に進める必要がありました。その計画上にある目標に対して、幹部社員、一般社員が一丸となって動き出していました。

その計画を実行するために、すぐに取りかかるべき具体的なアイディアが出され、実践に移ります。自分達でその実践結果を検証し、改善案が出されます。そしてまた取り組む。高速で試行錯誤が回り始めたのです。

後日、社長が当時を振り返って教えてくれたのですが、「社員から出されるアイディアなんて、如何に自分がラクをするか、または、やらないための言い訳が関の山と思っていた」そうです。

ところが、社員の仕事への取り組み姿勢が変わった後、社員から出てくるアイディアは違ったそうです。

「いい案を出してきます。身内贔屓と取られるかもしれませんが、本当に良い案がでてくるのですよ」

と社長は満足そうな表情でおっしゃいました。

この社長は理論的に考える方でしたので、社員のアイディアには間髪を入れずダメだしをしていました。ところが、いつからか、ダメだしが無くなります。その必要がなくなったのです。代わりに社員のアイディアに感服する言葉が社長の口をついて出てくるようになりました。

社長は、幹部社員に対して指示役ではなくなりました。変わりに相談相手となりました。毎週、幹部と個別に話しているそうです。幹部からの相談の中で、アイディアは進化して、そして、具現化して、次々と新しい試みが動きだすことが続いています。

想定を超える行動が生まれ、想定を超える実績が、高速で積み上がっていきました。

半年後、創業17年で過去最高の月商を手にするのです。利益も過去最高を更新。どん底からの大逆転、なんともドラマチックな展開でした。

ここまでギリギリの状態からの大逆転は、コロナ禍以前には見られないことでした。コロナ禍でも社長が実践された会社は、リーダーと社員の成長を実現し、急速な業績改善を実現したのです。

繰り返しになりますが、コロナ禍では、経営環境が短期間で驚くほどの大きな変化を経験した企業がありました。その変化のスピードと大きさに対応するためには、高速で試行錯誤を繰り返すことが必須条件でした。

社員と組織が社長の意図通りに動けるか否かが命運を分けたのです。

第2章のまとめ

●人口減が急ピッチに進む今、社員の確保は最も重要な経営課題となった。

●プレーヤーとして会社に最も貢献してきた人がリーダーとなった時に、社員の離職の原因を創ることがある。その場合は、会社に最も不利益をもたらす人になる。

●かつて、部下の社員をすぐに見切りをつけていた元頑固職人は、マネジメント技術の習得により短期間に社員育成の達人に変貌し、他部門のお手本になった。

●向上心が高く、将来性のある社員が会社に残る理由は、自分が成長出来ること。

●成長しない社員を創らないという社長の決意が組織の変化の起点となる。

●リーダーがマネジメント技術を習得することが成長環境を創る具体的な進め方となる。

●成長文化は、マネジメント技術を扱えるリーダーを増やすことで実現出来る。

●マネジメント技術が社内に定着すると、
若い社員の成長を意図して創ることは簡単なこと。

●40代、50代、60代の社員でも成長出来ることが人口減の今、必要なこと。

●M&Aの短期的、長期的に成功するための鍵はマネジメントである。

●事業承継の問題を抱える企業は任せられるリーダーが育成できていない。

●任せられるリーダーは不意に出現するものではなく、意図して創造するものである。

●人の行動に最も影響を与える要素は環境である。

●社員の成長環境は社長の意図から始まり、短期的に、創り出すことができる。

第3章

社員の成長を破壊するリーダーからの脱却

誰もが成長破壊リーダーになりえる理由

成長したい社長＋成長したい社員＝組織の停滞　となる理由

人は誰しも成長したいという欲求（成長欲求）を持っています。この成長欲求は、本能に近いほど強力なものです。当然、御社の社員の誰もが成長欲求を持っているのです。そして、創業社長なら人一倍の成長欲求を持っていますし、社長の多くは、会社の業績の成長のみならず、社員の成長を願っています。

社長も社員も成長したいと願っているならば、

成長したい社長　＋　成長したい社員　＝　組織の成長

となるはずです。しかし、多くの組織ではこの通りになっていません。

この謎を突き詰めていくと、計算式が違うことに気がつきます。

まず、社長も含めて、社員を部下に持つ人をリーダーと称します。リーダーのマネジメント力がポイントになります。組織の成長は、次のような式だと私達は考えています。

リーダーのマネジメント力　×　成長したい社員　＝　社員と組織の成長

社員の成長欲求というのは常にプラスです。

仮に、リーダーのマネジメント力がマイナスだと、社員と組織の成長はマイナスとなります。

逆にリーダーのマネジメント力がプラスになれば、社長も含めたリーダーも社員も皆が成長する状態となります。


実際に、これまでお会いしてきた多くのリーダーが、悪気無くやってきた自分流マネジメントは、お世辞にも社員の成長を引き出すことになっていなかった事例が多くあります。そこで第３章では、創業経営者の組織で起こるリーダーのマネジメント力がマイナスになってしまう代表的な原因13個を明らかにしていきます。

リーダーにとって、自分の組織で成果を出せないことは、この上なく辛く悲しいことです。だからこそ、リーダーは一体何をしているのか？　そして、その原因は何か？　全てのリーダーは、自分の改善点を知っておくべきことでしょう。

原因1　自己流で立ち向かうから、失敗確率は100%？

これまでお伝えしてきた通り、意図をもって、社員の成長を実現するのは、やり方を知れば簡単です。しかし、一般的には、難易度が高いこと、とされています。

組織のトップである多くの社長が意図通りに社員が動かない課題に直面している事実をもってしても、この問題の根深さがわかります。

ほとんどのリーダーが体験していることですが、新米リーダーは社員を成長させるための方法論も技術も持たないまま誕生します。ある日突然、リーダーとして組織の成果に責任を持つことになります。

これまた多くのリーダーが体験していますが、よかれと思って、部下に指示、注意を繰り返すのです。しかし、知らぬ間に、リーダーの行動、言動が、部下の成長を押しとどめてしまう原因になってしまいます。

世間では、難しい問題であればあるほど、自己流、自分独自のやり方を通せば、失敗確率を高めてしまうことは知られています。

仕事でも、難しいといわれる、製造、マーケティング、営業、財務、などの専門分野に携わる時は、より良いやり方を先輩や外部の専門家に求めることは珍しいことではありません。

ところが、マネジメントについては、他の仕事の内容と同様、難易度が高いとされながらも、なぜか新任リーダーが自分なりに取り組むところから始まるのです。

このように考えて見ると、新米リーダーが、組織で成果を上げられず、社員の成長を破壊して、結果的に社員を退職に追い込んでしまうことになったとしても、当たり前といえば当たり前です。

■チェックポイント　該当するものにチェックを入れてください

□マネジメントの方法を勉強したことはない
□自分の部下の行動を変化させる方法を知らない
□部下の評価を最短で上げるための技術を知らない

3つともチェックがつく場合は、自己流のマネジメントになっている可能性が高いです。

原因2　リーダーの経験を押しつけて社員の成長を破壊する

創業社長は、端から見ると強烈な成長意欲を持った人ですが、本人は自覚してないことが多いのです。また、創業社長の方々の中でも、組織が拡大し、うまくいっている人ほど、謙虚な人が多いです。

Ｓ社長もそんなお一人だと私は思います。社員の方から教えて頂いたのですが、Ｓ社長が口癖のように言う言葉があるそうです。それは、「俺なんて、学歴ないよ。（そんな自分ができたのだから）誰だってやる気になれば出来るよ」という台詞。

創業社長の方々が、「俺なんて普通だよ」というのは、よく耳にします。特別にへりくだっているわけでもなく、心の底からそう考えている方が多いようです。本人達は、何気なしに言っているのですが、これが問題の種になります。

「ごく普通の自分が出来たのだから、お前だって出来るだろう」

この言葉をそのままぶつけられた社員達は数知れず。そして、その言葉を真正面に受け止めて、耐えきれなくなって去っていった社員も数知れず、です。

もちろん、「あれ?なんで出来ないのだろう」という場面に社長が多く遭遇するにつれ、「自分が出来たのだから、相手も出来るだろう」という考え方は必ずしも正しく無いことに気づかれ、「こういうことは言わないほうがいいですね」なんておっしゃるわけです。

しかし、根柢には「自分だってできたのだから…」という考え方は消えることなく残っていて、何かの拍子に口をついて出てくるのです。

創業社長の言葉は社長が自分で思う以上にとてつもなく強力です。マネジメントする際は、「自分だってできたのだから…」この考え方に基づく発言を封印しないと、社員は逃げ出してしまいます。

創業社長には、鼓舞するつもりはあっても悪気は全くありません。しかし、社員にはプラスには働きません。その代わりに、いつも激しく責められているように感じるのです。悪気がなくても、これが続くと、社員は辞めていくのです。

更に、同じようなことがリーダーの方々にも起きています。自分の成功した方法を社員にも適用しようという考え方です。

ある企業に入社6年目の新米リーダーがいました。彼は入社して4年目まで泣かず飛ばずで、自他共に認めるだらしない男でした。

穴のあいた靴下をはき、待ち合わせの時間にはギリギリ間に合わず、必ず少し遅れます。書類のミスも多く、上司からの指摘を受けても、すぐ忘れてしまい、同じミスを繰り返す始末でした。

そんな彼に転機が訪れます。彼の上司に当たる新人リーダーが、新しいマネジメント技術を手にして、彼にそのマネジメントを実践したからでした。

5年目が終わる頃、彼は部下からも慕われ、尊敬すら勝ち取るまでに激変していました。部門のトップも、その変化に目を見張り、5年目に役職がつき、6年目になった時、今度は自分が、新しいマネジメント技術を習得することになりました。

その時、彼がいったのは、

「私は、（自分の上司の山田さんから）目標を決めて進めることの重要性を学びました。目標を決めて実践することで、自分も変われたので、自分の部下にも、目標の大切さを伝えていきます。ちょっと偉そうですが、部下達にも、自分のように、なってもらいたいです」ということでした。

あれほどダメダメだった彼が、たった1年で別人のように変わったことの秘密の鍵は何かといわれたら、誰でも聞きたくなるでしょう。

そしてその鍵を使って、「他の社員達全ての可能性の扉を開けてしまいたい」そう考えるのもよくわかります。

ところが、誰かにとっての秘密の鍵が、他の全ての人にとっての秘密の鍵になることは残念ながらありません。

多くのリーダーが、「自分がやってうまくいった方法」をそのまま部下にもやらせようとします。

「目標で俺でも変われた。お前も目標で変われるはずだぞ！」と言ってしまうわけです。自分にうまくいったから、きっと社員、部下にもうまく行くだろう。新人リーダーなら誰もがひっかかる罠です。

■チェックポイント　該当するものにチェックを入れてください

□自分が気に入ったもの、好きなものを人と共有することに抵抗はない
□自分にも出来たのだから、他の人もうまく行くだろうと思うことがある
□部下を励ますつもりで、自分がうまくいった方法を部下に伝えたことがある

3つともチェックがつく場合は、自分の経験の押しつけをしている可能性が高いです。

原因3　一人だけで頑張ってしまうリーダーは、社員の成長機会を奪う

強い責任感は、リーダーにとって大切な要素ですが、社員を動かす能力がない場合、組織の崩壊を早める致命症にもなりえます。

マネジメント技術を持たないリーダーの強い責任感は、往々にして、自分一人が頑張ることに向きがちです。部下を動かす術をもたないため、「自分でやるしかない」となるのです。

最初のうちは、売上げが上がります。しかし、これが間違った成功体験になります。結果だけをみれば、多くの組織が目標にする売上げ目標を達成したなら、誰もが成功したと勘違いするのも仕方がありません。しかし、やはりこれは間違った成功体験なのです。

一人に与えられた時間は無限ではありません。一人の頑張りには限界があるのです。うまくいくのは、初めのうちだけです。時間が制約となって、自分が頑張っても売上げを上げることが出来なくなります。

すぐに悪循環が始まります。部下を動かせないリーダーは売上げを更に上げようとすると、今まで以上に自分を追い込むしかないのです。すると、リーダーの時間は目の前の作業に忙殺されていきます。

人は追い込まれると視野が狭くなります。必死で働くリーダーは周りが見えない状態に

なっています。自分の部下である社員をほったらかしにしてしまいます。その先に起きることは決まっています。リーダーは必死で頑張っているのに、周りの社員がボロボロと辞めていくのです。

このように、社員を動かせないリーダーが強い責任感を発揮する場合、不幸なことに、組織を破壊します。そのリーダーの率いる組織が、継続的に成果を上げることはできなくなります。

■チェックポイント　該当するものにチェックを入れてください

□人にやってもらうよりも、自分でやったほうが早いと思う
□人にやり方を教えるのは面倒だと思うことがある
□自分が頑張る方が、人に頼むよりストレスが少ないと思う

３つともチェックがつく場合は、自分一人だけ頑張る傾向が強いです。

原因4　間違った常識に縛られるリーダーは、社員の成長を止めてしまう

圧倒的に多くのリーダーが社員の成長には長い時間が掛かると思い込んでいます。リーダーの仕事は多岐に渡ります。優先順位を考える際に、この間違った思い込みが邪魔をして、最も大切な社員の成長支援が後回しになるのです。

また、先ほど述べたことに関連しますが、多くのリーダーは、「リーダーが責任を持つ」という言葉をはき違え、「自分一人で足りない分を補って帳尻を合わせる」という間違った思い込みに支配されています。

育成には時間が掛かると信じていて、限られた時間の中で、より良い成果を出そうとすれば、「自分が頑張るしかない」と結論づけるのは、当然の帰結です。これ以外にも多くの間違った常識にとらわれているリーダーがいます。

実際に遭遇する間違った常識は、

・社員の成長には時間が掛かる
・今いる社員ではダメだ
・50代、60代は、もうダメだ
・地頭が悪い奴はダメだ
・考え方が違うやつはダメだ

・教えたところで変わらない

といったものです。

こうした間違った常識を手にするようになったことには理由があります。かつて、目の前に現れた社員がそういう人で、苦労したことがあったり、他の人達が話しているのを小耳に挟んだりしたことがあるからです。

私達は、一つの経験を過度に重視し、一般化してしまうことがよくあるのです。その結果、ほんの僅かな回数の経験や、ふとした情報からの学びを一般化して「常識」にしてしまいます。常識は、その人の判断の拠り所です。

常識が変わらない限り、行動は変わりません。もし、その人の常識が間違っていたら、優先順位は狂いますし、取り組みも変わりません。

目の前の社員の成長は難しいと考えてしまったり、この社員には無理だと考える時、今一度、その根拠を確認してみてください。

もちろん、そう考えるに至った事実はあるはずです。しかし、その事実以外の事（その人の経験、性格、年齢、能力、または偏った常識）で、その人のことを決めつけていないでしょうか？

マネジメントに限らず、繰り返しうまく行かないことに遭遇した時には、「常識を疑え」

と言われます。

自社の社員のことを考える時に、基準としている常識は何でしょうか？その常識は正しいでしょうか？

■チェックポイント　該当するものにチェックを入れてください

□社員の成長には時間が掛かる、と思っている
□50代、60代は、もうダメだ、と思うことがある
□今から教えたところで変わらない、と思うことがある

3つともチェックがつく場合は、間違った常識で判断している可能性があります。

社長の意図通りに社員と組織を
成長させる仕組みの作り方
ご購入 3 大特典

1．創業社長のための
任せられるリーダー育成診断（ＰＤＦ版）
⇒現在のマネジメント力が分かる

2．**信頼されるリーダーの３つの鍵**
⇒信頼されるのも技術
３つの基本術を伝授（ＰＤＦ版）

3．zoom **特別個別コンサル 50%off**

特典申込 ＱＲコード

プレゼントは予告なく変更されることがあります。

原因5　目新しい制度仕組みばかりを追いかけてしまうリーダーは、成長を逃す

組織の中の様々な問題を改善するために、多くの社長は、制度の改善、仕組みの改善にやっきになります。そして、制度仕組みを次々に導入するのですが、次々に頓挫してしまうのです。

導入が途中で頓挫すると、往々にして、その原因を、その仕組みや制度に欠陥があったと結論づけてしまいます。そのため、次の新しい仕組みや制度を探すことに注力することになります。

もう10年以上前の話ですが、この事に関する象徴的な事案を紹介しましょう。

弊社のセミナーに参加された社長が、後日ご相談にみえた時のことです。セミナー中は、気がつかなかったのですが、ある経済紙にその社長の会社のユニークな取り組みが掲載されていたのを思い出しました。

マネジメントに関わる内容でしたので、私のほうからその記事に書かれてあった内容についてお伺いしました。すると、「もうあれはやっていません。思ったほどの成果がでなくって」というお答えでした。

経営者向けでは、圧倒的な認知度を誇る雑誌で、特集記事として紹介されていた内容でした。もちろん、その中では、その素晴らしい成果が喧伝されていたのです。どれほどす

ごい成果をお伺いできるのかと期待していたので、社長のそのお答えに拍子抜けしてしまいました。

その会社は、その後、ご支援するご縁をいただきました。社長を始め、幹部の方々、次世代リーダーの方々がマネジメント技術を手にした後に、その仕組みを復活させたのです。するとと、単年度のみならず、継続して社員の満足度が上がり続けている、という嬉しいお声をその社長から聞くことができました。

仕組みそのものが問題ではなく、仕組みを運用できない組織に問題があったのです。

もう一つの事例もご紹介しましょう。

会社を作って22年目を迎えたＩＴ企業は、社員が40名を超えた頃から、評価制度の導入を試みて来ましたが2回とも頓挫していたのです。すでに評価制度の導入に費やした費用は４００万円を超えていました

離職が多く、業務に支障が出ていて、新規の受注案件も泣く泣く断る状態になっていました。社長ご自身も、2度の失敗の原因は、組織自体にも問題があったとお考えになり、弊社のプログラムの導入を決めたのです。

その結果、リーダーの変化により、チームの生産性が上がりました。少ない人数でやっているのに、質の良い製品を納品できるようになったのです。

ある時、社長からご相談を受けました。当時テレビＣＭでもやっている評価制度を社長のご友人の会社で導入し、その方が良い結果が出ているので自社でもやるべきだと思う、アドバイスが欲しいという相談でした。

私は、以前頓挫した制度を手直しして、使うことを提案しました。これまで導入した制度を詳しく見てみると、1回目に導入しようとした内容、2回目に導入しようとした内容、新しく導入したいといった内容も、大枠では大差ないものだったのです。

2回目に導入しようとした評価制度は、半年間実施した結果、問題点が確認されたものの、その解決策が決まらず、うやむやになっていたのです。

社長と一緒に改善箇所の修正をした上で、その制度の再運用を始めて頂きました。半年間の試験運用の際は、慣れないことで発生した小さな問題はありましたが、大きな修正は必要ないという判断になりました。

その後、本格運用が始まって、3年後に社長から相談を受けて、再び社長にお会いした際、評価制度を続けているとのお話を頂きました。

弊社がお手伝いを始めた時、ある分野に特化した部門の立ち上げをしたのですが、初年度は2億程度の売上げでした。それから4年半で、受注ベースで10億を超える売上げになっていました。制度と、制度を実行出来る組織の両方が揃うことで、離職も減り、業績が躍進した事例です。

制度、仕組みを導入する際には、忘れてはならない重要な要素があることを物語っています。

■チェックポイント　該当するものにチェックを入れてください

□新しい営業戦略は社長が期待するスピードで実践できていない
□社内の簡単なルール（挨拶の実行等）の変更がすぐに反映されない
□決められた書類の提出期限が守られていない

3つともチェックがつく場合は、新しい制度仕組みを導入しても機能しない可能性が高いです。

原因6　自らの実践を怠るリーダーは、成長する組織を作れない

弊社にマネジメントの改善をしたいとご相談に見える社長は、大きく2つのタイプに分けることができます。ひとつは、社長自らが実践しようとするタイプです。もうひとつは、社員にだけ実践させようとするタイプです。

弊社では、社長が実践されないという場合は、どんな場合でもお断りをすることにしています。なぜなら、社内に根付くことがないからです。

様々な研修が社内になかなか定着しないと嘆く社長が少なくありませんが、原因の一つはここにあります。

実際に、社内を見渡していただくと分かります。社内に浸透させることができたものは、社長が実践してみて、良いと思ったものは残っているはずです。社長自身が実践して、良いと思ったからこそ、組織に導入しようとする思いが強く、それゆえに、社内に浸透し定着させるためにエネルギーと時間をかけることができたわけです。それ以外のものは、別のものに置き換わってきたはずです。

ゴルフをイメージしていただくとわかりやすいと思います。頭の中でいくら理想的なスイングをイメージできても、実践を通して会得したものとは、まるで違います。

研修で習ったことを実践する社員と実践していない社長の間にズレが生じます。社員に

は、社長が発言している内容は、研修の内容とは真逆のことを言っているように聞こえることもあるのです。

こうなると、結末はいつも一緒です。研修の内容は、すぐに形骸化し、以前の状態に戻るのです。厳しい言い方になりますが、時間とお金をかけた研修の結果は、社長の取り組み次第です。

■チェックポイント　該当するものにチェックを入れてください

□社員研修でどんなメッセージが伝えられているか知らない
□研修は、社長の自分よりも社員を優先するべきと考えている
□最初から、社長の自分研修に参加する気はない

3つともチェックがつく場合は、研修に参加する社員の研修効果を台無しにしてしまう可能性が高いです。

原因7　成果のでない1on1（面談）を続けるリーダーは、組織を壊す

社員が会社で働く時間の給料は、巡り巡ってお客様が全て負担しているとも言えます。会社にいる時間は一分一秒、無駄にはできません。無駄な時間は全くないのです。働く時間は全て価値の創造につながっていなくてはなりません。お客様によりよい価値を提供する社員は、停滞している社員ではありません。成長している社員のはずです。組織にとって価値のある時間とは、社員の成長を促進し、組織が成長し、お客様へより良い価値の提供につながるものです。

逆に組織にとって無駄な時間は、組織の成長、社員の成長に関連していない時間です。マネジメントの中でリーダーも社員もお互いに成長を実感できない面談は無駄な時間です。

昨今、1on1（面談）が広まり、マネジメントの一環として、面談を取り入れる企業が増えてきました。喜ばしい面もありますが、懸念点もあります。1on1（面談）を実施することは手段であって目的ではありません。

1on1（面談）の第一の目的は、社員の成長支援が目的のはずです。この目的が果たせていないのであれば、面談の時間は無駄な時間となります。

実際に、導入してみた企業はよくわかることになります。最初は目新しいので、リーダー

も社員も緊張感をもって取り組みます。その結果、成長を実感できる場合もあります。ところが、一時的な成果で終わるのです。ほとんどの方々が途中から形骸化していることを感じるようになります。リーダーも社員も必要性を感じるどころか、続けるのが苦痛になっていきます。こうなると、社員の成長を促進するどころか、社員の大切な時間を奪っているので、成長する機会を破壊しているのと同じです。

効果を実感できないのに、なんとなく面談を続けているリーダーのほとんどの人がこのことを経験しています。大変残念なことです。

私達は1on1（面談）を活用しようとしたリーダーを責めるつもりは全くありません。形骸化して、結果につながらない原因は、リーダーのスキルの問題でもありませんし、リーダーのやる気の問題でもありません。問題は別のところにあります。世の中に広まっている1on1（面談）には構造的な欠陥があるのです。

リーダーと社員の面談自体は悪いわけではありません。実際に、私達が実践する社員の成長支援は面談を使ってやるのが一番確実で、早く結果がでます。そして、その面談の効果は永続します。回数を重ねれば重ねるほど、社員は成長し、その成長スピードは加速していきます。それを実現する意図が込められた構造になっているからです。

もし御社で効果の実感できない１ｏｎ１（面談）を実施しているとしたら、急いで確認するべきです。社員の成長を実現できない面談は何も生まないどころか逆効果だからです。鳴り物入りで導入されたシステムの形骸化は、社員の不信感に繋がってしまいます。自分の上司と話しても何の効果もないと分かってしまったら、社員は何を思うのでしょうか？

リーダーが社員の成長支援ができないとしたら、リーダーの存在意義すら揺らぎます。リーダーの存在意義の揺らぎは、組織の中での全てのリーダーの役割が果たせてないことになります。組織の中で、機能不全を自ら創ることになります。組織全体に影響を及ぼしてしまうのです。

■チェックポイント　該当するものにチェックを入れてください

□自分と社員との１ｏｎ１（面談）の効果が段々低下している気がする
□１ｏｎ１（面談）では、良い話しが出るものの、行動の変化が減っている
□続ければ続けるほど、変化が継続出来ているとは言えない

３つともチェックがつく場合は、効果のない対話を続けてしまう可能性が高いです。

原因8　社員に不信感を抱かせるリーダーに社員と組織の成長は作れない

御社には離職の問題はありますか？
もし、離職者が多いとお感じならば、リーダーや会社への不信感が原因のひとつにあると考えて間違いありません。リーダーに対して不信感を持っている社員がいる場合、そのリーダーからの指示や注意を受け入れることはありません。人には感情があるのでそうなります。

仕事なのだから、感情なんか、持ち出すな、という意見もあります。そう言いたくなる気持ちはよく分かります。とはいえ、人から感情は無くなりません。感情があることを無かったことにするのは、不自然です。自然に逆らうことを理屈が無いと書いて「無理」と言いますが、無理なことは長く続けることはできません。

社員から信頼されないリーダーは、社員の成長を後押しすることはできません。社員からの信頼を回復できなければ、組織を任せられるリーダーには成ることはできません。

会社に対する不信感と書くと、何か仰々しく感じるのですが、話しはとても単純です。
例えば、プライベートで外食した時、嫌な気分になった。何かのサービスを利用した時、残念な気分になった。業務中、誰かに依頼して手伝ってもらった時、イライラした。

こうした嫌な気分になることが、人が相手に不信感を持つ始まりです。自分が抱く期待に対して、出てきた結果が期待を下回れば、誰でも不満や不信感を持つのです。

社員が、リーダーや会社に対して不信感を持つ場合も全く同じです。

このように例を挙げても「あ、自分は社員に不信感を抱かせてしまっているな」と当事者が反省することは少ないのがくせ者です。これまでお会いしてきた方々で、社員から不信感を頂かれているリーダーは、自覚がない方がほとんどでした。自覚がないからこそ、これまで通りのやり方を続けているのです。

誰一人として、人から不信感を抱かれて嬉しい人はいません。知らぬが仏といわれるように、本人は全く罪の意識を持つに至っていません。

そこで、逆に考えてみましょう。

もし、リーダーが意図的に自分に不信感を抱かせようとするならば、相手の期待値を裏切ることです。そうすれば簡単に相手に不信感の種を植え付けることが出来ます。

リーダーが社員から期待値を裏切るためには、

・社員から頼まれた事を１００％忘れる
・一生懸命頑張っている社員に厳しい指摘だけを続ける

・社員からの意見は常に無視して、自分の意見だけを押し通す

といったことを2週間も続ければ十分です。

あらゆる人間関係は、信頼関係が土台となります。信頼を損ねる右に上げた3つの行為をただ実践するだけで、見事に信頼関係は崩れていきます。信頼関係は、構築するのには時間がかかりますが、崩すのはあっという間です。

これは顧客との関係でも同じです。信頼関係が崩れると、一部の顧客はクレームしてきますが、多くの顧客は黙って去って行きます。

社員との関係も同様です。

リーダーにこのことを伝えると、「社員に何か不満があったら、いつでも（リーダーに）言うように必ず伝えています」と反論する方がいます。「不満があったら伝えるように言っているので、伝えてこないならば、不満はないということだ」という考え方です。

これはリーダーの勝手な思い込みでしかありません。

リーダーにはその意識はなくとも、社員の中には上下関係の意識が常にあります。自分の上役だと思っているリーダーに対して、社員が意見をすることは大変ハードルが高いことです。

そもそも、強固な信頼関係があればこそ、「社員はリーダーに不満を言っても大丈夫だ」

と思うのであって、信頼関係が崩れつつある状態で不満を直接リーダーに伝えてくることはまずありません。我慢の限界に達すると、社員はただ黙って去って行きます。

■チェックポイント　該当するものにチェックを入れてください

□社員から頼まれた事を忘れることがある
□社員に対して感謝の言葉より指摘の言葉が多い
□社員の意見を聞いている時にイライラしてしまう

３つともチェックがつく場合は、社員がリーダーに対して不信感を抱いている可能性が高いです。

原因9　なんとなく「優しいリーダー」は、社員と自分の未来を破壊する

リーダーとして組織を統率する上で、信頼を勝ち取ることが重要と述べました。ただ、多くのリーダーがその信頼の勝ち取り方で落とし穴に落ちていきます。

「寄り添う」という言葉の取り違えです。

例えば、社員が遅くまで残業している時に、こんな言葉をかけることが寄り添うことだと勘違いしています。

「なんだ、遅いじゃないか、それは俺がやっておくから、もう帰りなさい」

「え?木村さん、いいのですか?」

「それ、○○会社の分だろ、以前俺が担当していたのだから、分かっているよ。これ記入してここに送ればいいのだろう?」

「あ、はい、そうです。すごく助かります。本当にいいのですか?」

「いいよ。早く帰れよ」

「ありがとうございます。助かります」

「いいよ。じゃ、気をつけて」

このようにリーダーが社員の仕事を肩代わりすることを「寄り添う」ことだと勘違いしているのです。

勘違いしたリーダーは、社員から「助かります」「ありがとうございます」の言葉を聞くと、まるで自分が良い仕事をしたかのような気になります。

これに慣れてくると、社員に頼み事もしなくなります。社員に依頼した時の社員の表情により気を使うようになるのです。

ちょっとでも相手が面倒な顔をしようものなら、「あ、いいよ。いいよ。私がやるから」と引っ込めてしまうのです。

社員に依頼するべきことをリーダー自身の時間を使って作業したり、処理したりして、社員の負担を減らすことに注力してしまうのです。

中長期的な思考は、そこにはありません。なんとなくやっています。心底、社員のことを心配しているわけでもなく、上っ面だけなのです。その証拠に、気持ちよく依頼を受けてくれる社員には、ドンドン頼み事をしていきます。

こうした行動の原因を探っていくと、「自分が嫌われたくない」ことが、動機の根本にあることがわかります。社員のご機嫌を取っているだけなのです。

この結果、自分が嫌われないために、社員の仕事の肩代わりをして、社員の成長の機会を奪い続けます。同時に、本来自分が取り組むべき、リーダーの仕事をないがしろにし、自らの成長の芽も摘み取っていきます。

「嫌われたくない」だけなのですが、「優しいリーダー」を演出するリーダーは、社員とリーダー自身の成長の機会をも破壊し続けます。このことに気がつかないまま過ごしてしまうのです。

■チェックポイント　該当するものにチェックを入れてください

□部下の表情が気になり、言うべきことを言わないことがある
□部下から「ありがとう」と言われると嬉しくなる
□部下が困っている様子を見ると、ついつい手伝ってしまう

3つともチェックがつく場合は、リーダーとしての役割よりも優しい人を演じる可能性が高いです。

原因10　失敗を責め立てるリーダーは、組織の未来を握り潰す

組織が設定する目標は、簡単なものはなく、努力を必要とするものばかりです。目標をクリアし続けるためには創意工夫が必要となります。

組織を取り巻く環境は常に変わります。ついこの前までうまくいった方法が通用しないこともある、すると、新しい工夫や挑戦が必要となります。

新しい方法を試す場合、最初からうまくいくことは、まずありません。失敗を繰り返すことになります。そのため、如何に失敗する確率を減らして、早く成功するか、様々な方法が考えられてきました。

多くの研究結果の中でも王道とされているのは、「小さな試行錯誤を高速回転で回すこと」です。

「小さな試行錯誤」ここが鍵です。致命傷となるような大きな失敗を避けて、失敗はゼロではなく、小さな失敗と改善を繰り返すことが重要だとされているのです。

高速で、挑戦し続けること、改善し続けること、つまり手を止めないことが重要なことです。

失敗を厳しく問われると、人は工夫や挑戦を回避するようになります。新しいことを試して失敗したという事実を残すよりも、言われた通り、従来通りやっていたほうが、自分

の痛みが少ないからです。

この失敗を避けようとする人の思考の流れと行動回避へのつながりは科学的に明らかになっています。失敗を避けたいという衝動は強力です。何も手を打たなければ、最初から挑戦を避けようとする取り組み姿勢の固定化につながるとされています。これはキャロル・ドゥエック教授の大規模な実験、研究の結果、明らかになりました。

実際、カリスマリーダーが率いる組織で、トップダウン型の場合、挑戦したことは評価されず、失敗を厳しく叱責されることは少なくありません。成長する組織を強く願いながらも、社員達は成長のための挑戦を最初から避ける、挑戦しない文化をリーダー自らが創り出していくのです。

社員が挑戦を回避する組織文化の先に、組織の成長はありません。

ある会社の事例をお伝えします。

その会社は、「挑戦」する社員を増やしたいと数年前から取り組みを開始していました。採用のページにも、「挑戦」を後押しすることを打ち出していました。

挑戦の大切さを謳う標語が、会議室はもちろん、社内のどのフロアの柱にもデカデカと書かれたポスターが貼ってありました。ところが、最初にお会いした時に、社長と常務から出てくる言葉には、驚かされました。

出てくる言葉は、挑戦したものの、成果がなかなかでない社員についての、マイナス点ばかりです。

もちろん、社外の人に対して、自分の社員の自慢をする人はあまりいません。ただ、私の方で、「今回の挑戦をしてもらって良かった点はどんな点がありますか？」という質問をしても尚、マイナスの指摘は出てくるのですが、プラスの言葉がひとつもないのです。

「そうですねぇ。まぁ、やはり、努力が足りないですよね」

「彼は、もともと真面目なので、言われたことは出来るのですが、今回は新規事業ですから、自分で考えないといけない。それなのに、お伺いを立ててくるのですよ」

「意欲はあるんですが、まぁ、考えが浅はかというか、甘いですね」

「危機感が足りないです。そもそも」

「計画が、最初から…ザルですね」

「まぁ、頭がね。やっぱり悪いのかな。向いてないかな」

「自覚がないというのか、準備不足というか、なんというのかな。スキル不足かな」

と続きます。

資本主義社会にあっては、挑戦にはもちろん、成果を伴わないといけないのです。しかし、100%成功する挑戦はありません。挑戦者は貴重な人材です。その挑戦者を揶揄するのではなく奨励する組織にこそ未来があります。挑戦をしない文化は、組織の将来を蝕んでいきます。

■チェックポイント　該当するものにチェックを入れてください

□社員のミス、失敗を目にすると、感情が高ぶることがよくある
□社員のミス、失敗については、自分なりの見解、指摘を言いたくなることが多い
□どちらかというと、加点主義よりも、減点主義に近いと思う

3つともチェックがつく場合は、失敗を責めてしまう可能性が高いです。

原因11　手段の違いを認めないリーダーは、社員の成長の実現を遠ざける

組織には幅広い年代層の社員が集まっています。社歴が20年を超える会社では、新入社員と幹部社員の年齢差は、親と子供の年齢差を超えることすらあります。

年代差は、仕事の取り組み方法の違いが顕著に表れます。自分の若いころは、紙の書類しかなかった時代の人と、最初からタブレットや、ＰＣ上でデジタル書類を記入していた人とでは、紙の書類に対する感覚も違います。

例えば、まず紙の書類に記入して、その内容を精査した後にデータ入力し、また紙に印刷して手書き修正し、またデータ入力して印刷して…といった無意味な作業を強いられると、本筋とは違うところで、若い社員から強い反発を招くことになります。

取り組み方法の差、手段の違いへの不必要なこだわりは、生きてきた時代の環境にも大きな影響を受けています。自分にとって好都合な方法という基準よりも、組織全体にとっての最大効率を狙って考えるべきです。

また、「正しいこと」が時代によって変わります。これまた厄介なことに、「過去の時代では、正しいこと」に当の本人はなかなか気づけないのです。

このように、年代差は、自分一人では気がつかないため、マネジメントに携わるリーダーが陥る罠のひとつでもあります。

この問題の解決するために大切な「目的と手段の入れ違い」の概念を紹介しましょう。

目的と手段の関係は、目的達成のために手段があり、その手段は無限にあるというものです。

ところが、私達は頻繁に、この本来の考え方から外れてしまいます。知らぬ間に、自分が過ごした時代に流行ったやり方、自分が若い時に身につけたやり方、自分がうまくいった時に実践したやり方に捕らわれてしまうのです。

すると、本来の目的である「成果を出す」ことよりも、「やり方」にこだわり始めます。リーダーが考える「○○でやるべき」「○○すべき」「○○でなければならない」以外を認めない等と言い出してしまうのです。もしかすると、以前は、ＩＴもＡＩも無かったから、その「やり方」をしていただけかもしれないのに、そのことにこだわるのです。なかには、それは「自分の好みだから」と公言する人もでてくる始末です。

世の中は理不尽なことはもちろんありますが、理不尽なことは最小限であるにこしたことはありません。目的と手段の入れ違いで起こる理不尽さは、社員の成長の機会を破壊し続けます。

■チェックポイント　該当するものにチェックを入れてください

□「甘いな」と思うことがよくある
□努力が足りないように感じ入ることが多くある
□なりふり構わずやっていないことに腹が立つ

３つともチェックがつく場合は、結果ではなく、やり方に対して腹を立てている可能性が高いです。

原因12　感情的に振る舞うリーダーは、組織の成長を押し止める

創業経営者といえども人間です。感情の起伏だってあります。経営者であろうとも、当たり前に気分がいい日も悪い日もあります。

また、創業経営者も様々なタイプの方がいますが、エネルギッシュで喜怒哀楽もはっきりしている（本人は自覚がない場合も多いですが）方が多い印象です。

さらに、創業経営者の場合は、会社の規模が非常に小さい時から一緒にいる社員も多く、社員の方を家族のように捉える方々もいます。

こうしたことが重なると、社員の前で自分の感情を露わにすることをあまり気にしなくなっていくのです。

やがて本社の面々は、役員の方々も含めて、社長の顔色を気にするようになります。

例えば、誰かがミスをして、社長が怒鳴り声を上げるものなら、社長への相談は極力控えようとするのです。そして、社長の機嫌を損ねる内容は、出来るだけ報告のタイミングを見計らおうとするのです。

もちろん、役員の方々も含め、本社にいる全ての社員は、「人の顔色を見ながら仕事をしてはいけない」「悪い報告ほど早く上げなければいけない」「自分の保身のためではなく、自分の部下である社員、お客様のことを常に考えなければならない」という言葉を知って

います。

しかし、恐ろしい形相をして怒鳴る社長の前では、こうした言葉は吹き飛んでしまいます。恐怖は人の理性を乗っ取ります。

前に、トップダウンの末路をすでにお伝えしていますが、感情的に振る舞うとされるリーダーは、ほぼ確実にトップダウン型となります。

常に、社員を恐怖のどん底に落としめるような怒り方をするリーダーの方々にはこれまで何百人とお会いしてきました。こうした方々に共通するのは、「悪気がない」「怒っている自覚がない」「怒ることは、プラスに成ってもマイナスにはなっていない」と信じていることです。

実際に

・自分はそれほど怒っていない
・自分は合理的で、不合理なことで怒ることはない
・怒っているとしても感情的に判断をすることはない

と考えています。

だから、自分の言動を改めようとは決して思わないのです。

端からみると、自分の感情にまかせて、周囲が右往左往する状況を生み出し続ける方も

います。さらにやっかいなことは、後者であっても、自分は一貫性を保っていると信じています。

しかし、この結果の組織の成長の停滞、成長スピードの鈍化は明白です。

■チェックポイント　該当するものにチェックを入れてください

□自分はそれほど怒っていない
□自分は合理的で、不合理なことで怒ることはない
□怒っているとしても感情的に判断をすることはない

3つともチェックがつく場合は、感情的に振る舞っている可能性が高いです。

原因13　社員の思考力を奪うリーダーは、成長の芽を握り潰す

リーダーの万能感は、社員の思考力を萎えさせ、組織の成長の芽を握り潰します。

実際に、こんな事例がありました。

ある地方都市で80名ほどの社員がいるサービス業の会社の社長が、こんなことを言いました。

「創業25年目、創業以来、増収増益です。ただ、これから先を考えると、新しい柱が必要だと思っています。〈中略〉これから3年かけて、新しい事業を立ち上げていきます。次の時代でも、拡大できる組織にしていきたいのです」

最初にお会いした時に、この言葉をいただき、組織の再構築を進めて行くことになりました。

社長の言葉とは裏腹に、業績好調の割に会社の雰囲気は陰鬱としていました。社長、役員の方々のプログラムが終了した際、社長からは、若いメンバーが積極的に発言するようになり、顧客のクレームが減ったことで、既存顧客の離脱率が低下したと大喜びでした。

そこで、継続の要望を受け次世代のリーダーに向けてプログラムを展開することになったのです。

30代、40代のリーダー達と話して驚いたことがありました。

リーダー達の考える力の弱さに驚いたのです。業務に関わるような一般的な質問にさえ、答えが返ってこないのです。

面談後のアンケートには、「質問されるのが辛い。考えるのが苦痛です」とありました。

一体どうしてこんな状況なのか、何人かのリーダーに確認をして、原因を探っていくと、あることが浮かび上がってきました。

「よく上司から『お前は何も考えるな』と怒られた」という言葉が何人ものリーダーの口から漏れ出てきたのです。

後日、このことを社長に確認しました。すると社長からは、古参の幹部からはその旨の発言はあったかもしれない、との回答を得ました。

その会社は以前から、業界でトップクラスの質を追求することを公言していました。そして、その実践する仕組みを社長や古参幹部は苦心して作り上げたのです。

入社歴が浅い社員には、徹底的に基礎を叩き込む意味で、「余計なことは考えず、ひたすら基礎を徹底しろ。言われた通りやっていれば、必ずお客様から感謝されるようになる」と伝えていたらしいのです。

「俺たちは何をすれば良いか、分かっている。お前達は分かっていない。だから、お前達は、俺たちの言われたことをただやれ」こういう思いが背景にあったことも想像できます。

いずれにしても、作業の正確性を優先して、考えない文化が定着してしまっていたのです。

リーダーは、決断するのが仕事です。自分より経験値が低い社員からは、必ず相談を受けることでしょう。その際には、情報を分析し、未来を想定して、複数の選択肢の中から一つの実行案を提示していく必要があります。

もし考える力が弱く、決断できない名ばかりリーダーが、組織の中に溢れ返ったとしたら、その組織は立ちゆかなくなります。多くの創業社長は、このことで困っているのです。社員の考える力が強いのに、リーダーの考える力が弱い組織はありません。社員の考える力が弱いから、思考力の弱い、決断できない名ばかりリーダーが増えるのです。

名ばかりリーダーが増えると、結局、日々の様々な問題の解決策や、クレーム対応、関係各署との対応を一部の幹部や社長が行うことになります。

こうした組織では、成長スピードが失われていきます。社員と組織の成長の機会を日々逸していくことになるのです。

■チェックポイント　該当するものにチェックを入れてください

□社員に日常的に考えさせるための仕組みは特にない
□社員に考えさせることは時間の無駄になると思う
□社員が考える内容は浅く、わざわざその考えを聞く価値もないと思う

3つともチェックがつく場合は、社員の思考力を奪っている可能性が高いです。

第3章のまとめ

●組織にいる誰もが成長を願いながらも成長できない理由は、そのやり方を知らないことが原因である。

●自分流のマネジメントでは高い確率で組織の成長を破壊することになる。

●仕事では再現性が重要なため、全てのプロセスは意図的でなければならない。

●リーダー自らの言動、行動を生み出している自分の常識を点検することが必要だ。

●間違った常識を元に判断を下すと、成果を出す組織を運営することができない。

●新しい仕組みや制度の導入を進める前に、実践できる組織を作ることが先である。

●社員が成果を創るのであって、制度や仕組みが成果を創るのではない。

●組織に新しい取り組みを根付かせたい場合は、リーダー自ら実践し、成果を体感しないかぎり、新しい取り組みが組織に根付くことはない。

●成長破壊リーダーは成果のでない手法を使い続ける。効果のない１ｏｎ１は止めるべきである。

●リーダーは社員が成果を実感する対話の仕方を習得して実践するべき。

●社員との間で信頼関係を手にできなければ速さも成果も得られない。信頼を創る技術を手にするべき。

●優しいリーダーを演じても組織を動かすことはできない。

●失敗を責め立てることで、社員の成長の機会を潰していく。

●最終目標の達成よりも、手段を重視すれば社員の成長の機会を奪う。

●時代背景や価値観が違う社員がいる中で、こだわるべきは目的であって手段ではない。

●感情的に振る舞うリーダーは、社員の成長の機会を奪う。

●社員の考える機会を奪うことで、社員の成長は遠のく。

第4章

社員の継続的成長を実現する成長の鍵

目標を達成しても成長できない問題を解決する

社員の継続的成長は目標達成だけでは実現できない

人と組織の成長は、売上の規模拡大と必ずしも一致しないということを、複数のベンチャー企業に携わって身をもって体験しました。そして、それは、多くの企業を支援して確信に至りました。

では、人と組織の成長をどのようにして計るべきなのか？

ひとつの計り方は、事業承継がいつでも出来る状態であるのか、次の社長、次の役員候補がいる状態であるか、で判断することです。

代表取締役という肩書きに続く、専務、常務という肩書きをもった役員がいるということではありません。次の会社の代表としての覚悟を持った者がいることを指します。あらゆるものを引き受け、一緒に働く社員と未来を切り開く覚悟を持っているならば、次代を託すことができます。

次代を任せられるリーダーは、目標達成が出来るだけでは不十分です。なぜなら、目標達成は、戦略、戦術が正しければ、ただそれに付き従うだけで、達成することは可能だからです。

ただ言われたことだけを実践しているだけの社員から、突然、戦略、戦術を考えるリーダーが出現することはありません。自立する社員の中から、自らの考えを昇華させ、構造化し、言語化する力を磨いた者が、リーダーになるから、戦略や戦術を考えられるようになります。

目標達成が実現できるリーダーが増えても、企業経営としては行き詰まる。足りないピースは、一体、何なのか？

この足りないピースとは、「人間的な成長」です。

「なんだ、そんなことか。よく聞く話だ」

とおっしゃる社長には、大声ではっきりお伝えしたいです。

「いいえ、いままで聞いてきた話しとは全く違う話です」と。

組織で成果を上げるためには、「人間的な成長」が大切であろうことは、古くから、多くの賢人が指摘してきたことです。２０００年前の中国でも、古代ギリシャでも、古代ローマでも盛んに議論されていました。近代になって。マネジメントが学問の対象となった後も、多くの人がこの点を重視してきました。

第二次大戦後に日本にも導入されてきたマネジメント理論の多くにも書かれていることです。内容は、半ば宗教的なものから、数学的なモデルのようなものまであります。しかし、多くの組織の中で、具体的に「人間的な成長」を意図して実現させる方法は実践されてこなかったのです。

本書で、繰り返し指摘していることですが、今、私達に必要なのは理論ではなく、実践です。「聞いた話」には潜在的な価値しかなく、「実際にやれる」ことにのみ、実在的な価値があります。

組織の成長を創造するリーダーが最初に手に入れるべき要素

これから新たに、社員の「人間的な成長」を実践するためには、順番が大切です。組織変革の場合は、まずリーダーの「人間的な成長」が先となります。その次が社員です。お手本となる、リーダーが身近にいると、社員の「人間的な成長」は圧倒的に早くなるからです。

そもそもリーダーが自身の役割を全うするためには、リーダーの「人間的な成長」が必須です。

社員の成長を破壊するリーダー（成長破壊リーダー）は、肩書きで人を動かそうとしますが、それでは社員が渋々動く程度で終わります。

社員の成長を創造するリーダー（成長創造リーダー）の場合は、社員自ら進んで働くことを意図的に作れるため、社員の生産性が圧倒的に高くなります。リーダーがこれを意図的に創るために必要な要素は、リーダーに対する社員からの信頼があることです。

つまり、組織に新しい社員を迎え入れた時、リーダーが新しい社員から信頼を自在に勝ち取れるとしたら、それは間違いなく「人間的な成長」を手にしたことの証拠だと言えます。

知人経由で、ある著名な経営者から相談を受けた時のことです。相談の内容は、「新しく経営陣に加わった新任取締役が部下である社員から全く信頼が得られていない」ことでした。

早速、その取締役とお話をさせていただきました。

その取締役は、一流大学を卒業後、海外の有名大学でＭＢＡを取得し、一流企業で部長職を経験し…と、経歴はこれ以上にない超エリートな方でした。その経歴があればこそでしょうか、プライドもめっぽう高く、ご自身の実績については、立て板に水を流すようにお話になりますが、本心を全くお話になりません。

一計を案じて、一言申し上げると、その取締役の表情は一変し、態度がガラッと変わりました。そして、自分自身の悩みを打ち明けてくださったのです。

その取締役がおっしゃるには、「直属の部下のみならず、社内の全ての人から、信頼を勝ち取れていないことを肌で感じている。不安な毎日が続いているがなんとか取り繕っているのが現状。この状況をなんとか変えたいものの、変える方法が分からず、苦しくてたまらない。この先、この会社にいれるかどうかについても、不安を感じている」と。

部下の社員の方々からは、多数のクレームが社長の耳に入っていました。

この取締役の態度がとても偉そうで、上から目線で話す態度に我慢がならないというのが、共通した意見でした。更には、この取締役と一緒のプロジェクトで働くのであれば、退職する、と別の役員に直接談判する社員まで出てくる始末でした。

この取締役の方には、信頼を獲得する技術の実践をしていただきました。

すると、半年もしない内に、社員の人達からの取締役を見る目が大きく変わったのです。

1年後、その取締役は社内で最も大きな売上げを上げる人になりました。

その後、この取締役は大きなプロジェクトを幾つも成功させた後、独立され、今では複数の会社を経営されています。

このように、リーダーが新しいマネジメント技術を手にすると、リーダーは社員から信頼されるようになります。信頼を勝ち取るやり方にも型があります。信頼を勝ち取ることは意図的に実現可能です。それが事実であることを、多くのリーダーがその技術を習得して実践して証明してくれています。


少し形は違いますが、他者から意図的に信頼を勝ち取るという行為は、あらゆる企業が営業という形で、日々実践していることでもあります。

御社に売れる営業マンがいるなら、顧客から、意図的に信頼を勝ち取れている証拠です。お客様に信頼されなければ、受注することはできないからです。このように信頼を得ることとは再現性のある技術です。

余談になりますが、営業ではトップの成果を上げるものの、マネジメントでは成果を上げないリーダーがいます。これは御社にもある事例かもしれません。でも心配は要りません。

90％以上の確率で、営業で成果を上げる人は、マネジメントで成果を上げることは可能です。なぜなら、営業で成果を上げることと、マネジメントで成果を上げることには共通点があるからです。大切なのは、相違点です。相違点を克服すれば、意図して社員の成長を後押しできるようになります。

話しを元に戻します。組織の成長は目標達成する能力と人間的な成長の両方が必要となります。社員の人間的な成長を実現するためには、リーダーの成長が早道です。リーダーが最初に手にするべきものは、意図的に社員から信頼される技術です。

リーダーの人間的な成長が組織の成長を加速させる

ある会社で近隣の同業からも一目を置かれる50代、元営業トップセールスの一人がいました。その手腕を買われて、新規事業のリーダーを任されたのですが、なかなか結果を出すことができずにいたのです。

結果が出なかったのは、そのリーダーの下につく社員がことごとく辞めていくことが一番の原因でした。

そのリーダーの社員への接し方をみて、社長は強い不満を持っていました。そのリーダーが電話越しに、社員を怒鳴りつける場面を何度も目撃していたのです。社長は、それを目にする度に、注意をしていましたが、一向に変わる気配がありませんでした。

「これ以上、大切な社員を辞めさせる訳にはいかない」と、このリーダーを変えてほしいと社長から依頼を受けました。そのリーダーには内緒でしたが、社長は、誰か一人でもそのリーダーの元で社員が辞めようものなら、リーダー自身を解雇する覚悟を固めていたのです。本来であれば、社長ご自身でリーダーへのご指導を御願いするのですが、緊急対応が必要と判断し、私がお受けすることになりました。

そのリーダーと話したところ、

「自分のやり方がうまく機能していないことは分かるが、どうしたらいいのかが分からない」「見聞きした手法はあるが、自分にそれが合うのかどうかわからず、試すまでに至らない」「その結果、駄目とは分かりながらも、いつもの自分のやり方にもどってしまう」とのことでした。

営業トップの成績を長年に渡って維持できる人は、相手に対し、話を組み立てる技術をすでに持っています。相手に対して、意図をもって話しが出来ている場合は、意図の内容を変えればよいだけです。成長破壊リーダーからの転換は比較的容易です。

社長からは、「筋金入りの頑固者」と聞いていたので、当初、時間がかかることも想定していました。ところが、マネジメント技術の実践を始めると、リーダーの元で辞めずに残っていた40代後半の社員2名の行動が3ヶ月目には変わってきたのです。

40代後半の社員2名には共通点がありました。複数の支店で10年以上、営業を経験しながらも、予算達成することが一度も出来てなかったのです。ダメ営業マンというレッテルが貼られていました。言われたことを受け流す癖が染みついていたのです。

新規事業のリーダーは、元トップ営業マンでしたので、当初、この二人のダメ営業マンと話す度に、「なぜ、（未だに）こんなことが出来ないのか？」と怒りがこみ上げてきたそうです。

新規事業のリーダーは、マネジメント技術を学ぶことで、二人から頓珍漢な答えが出てきても、語気を変えることなく対応出来るようになりました。

マネジメント技術を使うことで、以前は何度伝えても、行動しない状態から、一回伝えると行動するように変わっていったからです。

その新規事業のリーダー曰く、始めた当初の二人は、新人の営業マンでも出来ることが、入社して10年以上のベテラン社員にも関わらず、出来ていない状態だったそうです。

そんな40代社員2人を少しずつですが、着実に前に前にと進めることができるようになったのです。

更に、このリーダーは2人の後押しをしながら、2人の手が止まりがちな箇所を見つけては、仕組みを改善し続けていました。

4ヶ月後、新規事業部、創設から2年たって、はじめて単月予算達成にこぎ着けたのです。当のリーダーも、40代の社員達も、社長も大喜びしました。

社長は、全支店に、この新規事業部門の試みを広げることをもともと構想していました。もともと営業成績がぱっとしない社員ですら実現しうる仕組みができたことは、想定外の副産物でした。社長の新規事業リーダーに対する評価が大きく変わりました。

一方、社長が一番驚かれたのは、リーダーが電話で怒鳴ることが一切なくなったことでした。私が定期報告した時に、社長がこのリーダーの仕事をする姿を評して、

「まるで人が変わったようです」

と、少し興奮気味におっしゃったことを印象深く覚えています。

変わったことは、リーダーの人間的な成長による振る舞いです。能力ではありません。

このように部門のリーダーの人間的な成長は、業績に直結します。リーダーの成長なくして、社員の成長はないため、業績の改善には、部門のリーダーの成長の実現が何よりも重要です。

人間的に成長されるリーダーは社員から信頼を勝ち取れるようになります。求心力を持ち始めるのです。組織を任せられるリーダーとしての一歩を踏み出すのです。

社員の成長スピードを加速させる

成長創造リーダーは強みと弱みを使い分ける

成長創造リーダーが社員の育成に関わっていく中で、顕著に表れてくる要素があります。一つは、社員の強みの扱い方です。成長創造リーダーは、最初に社員の強みを探します。その社員がどれほど成功してようと、どんな状態にあろうと、その社員が一番早く成長する要素は、その社員の強みを活かすことだからです。

その社員の強みは、その社員自身が認識してない場合もあります。ところが、周りは薄々感づいているものです。

適材適所という言葉通り、社員が一番活躍出来る場所と社員の強みを紐付けることが組織にとっても、社員にとっても最適です。

一方で、社員の弱みが、致命傷となることもあります。その弱点を克服しないことには、社員は評価をされることはありません。致命傷の多くは、組織のルールに抵触することです。どんな組織もルールがあります。組織に所属する以上は、そのルールが好きか嫌いか、得意か不得意かは関係ありません。ルールを逸脱することは許されないのです。

簡単な例を上げましょう。挨拶をすることがルールになっているのに、挨拶をしない社員がいるとします。この挨拶をしない社員がどれほど優れた能力をもっていたとしても、挨拶をしないことで、大幅に評価を下げることがあるのです。

弱点を克服するには、時間がかかる場合があります。だからこそ、リーダーは、組織の成長、本人の成長のために、明確な意図をもって進めることが必要です。まず強みを活かして、本人の能力を更に伸ばすことを行います。次に、致命傷となるような弱点の克服には時間をかけて取り組みます。

成長破壊リーダーは、逆です。強みも弱みも一緒に考えてしまいます。どちらを優先するべきか、と考えもしません。その結果、社員が持つ本来の価値を十二分に発揮するまでに時間がかかりすぎてしまうのです。

社員の成長を後押しするリーダーは「今」も「未来」も見る

社員の成長を創造するリーダーには誰でもなれる、と繰り返し伝えてきました。当然、これまで成長破壊リーダーだった人が、最終的に社員の成長を創造できるリーダーに変わることも、もちろんできます。この事例は数え切れないくらいあるので、確信をもっているのです。

成長破壊リーダーだった人が、成長創造リーダーになるためにもう一つ重要なのは、時間軸です。

私達は、目の前のこと「今」にもっとも影響を受けます。ところが、社員の成長に関わる時、「今」だけを見ているとストレスはたまる一方です。成長破壊リーダーは、リーダー自身が未来を見る習慣がありません。「今」に縛られ、「今」に引きずり回されてしまいます。

成長創造リーダーは、「今」も見ます。そして「未来」も見ます。そして、社員にも「未来」を見せます。

成長創造リーダーが社員に「未来」を見せるには気合いだけではできません。

リーダーが社員に「未来を見ることが重要だよ」と伝えても、未来を見ながら仕事が出来る社員はそう多くいるわけではありません。

そこで私達は、未来を見るためのツールをリーダーにお渡ししています。ツールがあると、リーダーは社員の成長を加速するツールを使いながら、前に前にと着実に後押しすることができるのです。

この未来を見るツールに関しては、第5章でお伝えします。

爆発的な成長のためには仕事に関わる全てのスピードを上げる

成果を上げるための鍵は、スピードです。

自分の組織を見渡してみると、成果を上げる人はスピードが違います。「取りかかり」が早く、「動作」が速いのです。いまひとつの社員は「取りかかり」も遅く、「動作」も遅いのです。

リーダーが、仕事のスピードの遅い社員に対して、一度注意して改善されるならば、「仕事のスピードが遅い社員だ」というレッテルが貼られることはありません。何度注意しても遅いので、「こいつは仕事が遅い」となるのです。

指示は理解している。日本語は理解出来ている。だけど仕事への「取りかかり」が遅い。多くの場合、「取りかかり」が遅い理由が本人にはあるのです。上司の指示に逆らってでも、やるべき行動をとらないのですから、「強い抵抗力」が働いていると考えるべきです。この「強い抵抗力」の正体を本人も明確にはわかってない場合もあり、通常のやり方で本人に理由をいくら尋ねても、うまく行かないこともあります。

複合的な要素が絡んでいることもありますので、こうした場合は、いくつかのツールを総動員して順番に使っていきます。

仕事への「取りかかり」が遅い問題への解決策は、沢山の研究結果があります。この種の問題で、世界で初めて遭遇するようなものはありません。解決への手がかりは、すでにあるのです。手順に沿って解消していくことになります。

「取りかかり」の早さが改善したら、次は「動作」の速さの改善です。こちらは、簡単です。動作の速い人と一緒に仕事をさせて、速さを体感させるのです。

これは、仕事の内容、作業の内容を問わず、一番簡単にできる方法ですので、是非に試してみてください。

この問題を抱えていて、首の皮1枚でつながっていた入社7年目の社員がいました。仕事のスピードが遅い営業マン、成果がでるわけがありません。

同じ仕事を何年も続けていると、自分のペースができあがります。このペースが会社のやり方に合っていればよいのです。もし、会社のやり方よりも遅い場合は、改善が必要となります。

この事例のように、入社してからある程度の年数を経ると、プライドが邪魔して、社員が抵抗する場合はあります。ところが、最初は、気が進まない状態でも、仕事のスピードが速い人と一緒に仕事をすると、実践後は、好意的な感想ばかりが返ってきます。

この営業マンも先輩営業マンと3日間同行することになった時は、嫌な顔をしていました。しかし、その後は、快進撃が続くことになります。

今や新規営業でトップクラスの成果を出すまでになりました。

このように、早さを体感させてしまうと、リーダーが拍子抜けするように社員の仕事のスピードが変わることがあります。必要なことはスピードの体感なのです。

仕事のスピードを手にすれば、社員は必ず業績を改善させることができます。マネジメント技術の中で、もっとも効果を発揮するワザの一つです。

組織の速さを創り出す指示をする

組織の速さを維持できるリーダーと組織の速さを失うリーダーがいるとしたら、その特徴は指示の内容をみると一目瞭然です。

とても簡単なことです。相手の社員が動き易い指示を出せば、社員は、即行動ができます。いざやろうとした時に、「あれ？」と手が止まることで、「取りかかり」の早さが失われ、組織全体の動きの速さは失われていきます。

組織のスピードが失われる理由は指示の曖昧さです。

曖昧な指示は、全ての組織で、全ての階層からスピードを奪います。社員の成長を創造するリーダーになるためには、いつでも具体的な指示を出せるように訓練する必要があります。

先ほど、スピードを上げるには、２つの要素があるとお伝えしました。一つは、「取りかかり」の早さ、もう一つは「動作」の速さです。社員の「取りかかり」の早さには、リーダーの指示の内容も大きく影響します。

社員がすぐに動かない時は、リーダーも自らを省みる時です。自分の指示に曖昧な箇所はなかったのか否か、もう一段、さらに具体的に伝えるとしたら、どう伝えるべきなのか、この辺りを探ってみてください。

ひとつ気をつけたいことには、曖昧さは、組織文化となりえるのです。ご支援してきた中で、幾度か目にしていることがあります。

それは、リーダーが曖昧な指示を使う人だと、その部下の社員がリーダーになった折、同じように社員に曖昧な指示をするリーダーになってしまうのです。曖昧な指示はリーダーからリーダーへと伝染し、曖昧な指示の文化ができあがってしまうのです。

社員の「取りかかり」の早さを実現させるためにリーダーが出来ることは、具体的に指示することです。

成長を創造する「間」を創る

成長創造リーダーは社員と話しをするときに、「間」をうまく使います。意図的に「間」をコントロールすることで、社員の成長を後押しできます。

これが最初から上手な人は、ほぼいません。これは後から習得するものです。営業時は、この「間」のコントロールがうまくできても、どういうわけか、社員と話す時には使えない方が少なくありません。

社長も含め、リーダーは、常に課題を設定しながら情報を受け取ります。そして、課題解決するための情報を集めようとします。

社長は幹部社員に、幹部社員は一般社員に、「あれはどうなっている?」「その後、どうなった」「お客様の反応は?」と矢継ぎ早に質問しながら、情報を集めて整理し、状況の理解をしようとします。そして、解決策を指示していくことになります。

社長や幹部社員、そして、出来る社員は頭の回転が早い人が多いです。誰かと対話をしている中で、少しでも「間」が空くと即座に自分の言葉でその「間」を埋めていきます。

これが多くのリーダーにも共通することです。癖になっていますので、社員に意見を求めたとしても、社員が考えていてもお構いなしに、「間」を埋めてしまうのです。

人は自分が考えている間に思考を遮られると不愉快にもなります。その結果、感情的な反発を招きます。また、人間の脳は一度に一つの情報しか処理できないため、自分が考えている途中に、どれほど素晴らしいアドバイスをもらっても、その内容は全く頭に入りません。

自分の意見に抵抗する人はいません。しかし、他人の意見には抵抗してしまうものです。社員の成長を促進するためには、意図的に「間」を創り、社員自身に考えてもらうことを促します。リーダーにとって社員との対話の中で生まれる「間」は、じれったいだけなのですが、この「間」こそが社員の成長をスピードアップさせる鍵になります。

社員の成長の扉を開ける「持ち味」を使いこなす

資本主義の社会のルールは、目標志向です。

ところが、目標志向の社会にあっても、もともと目標志向である人達は少数派です。リーダーが目標志向ではない社員に遭遇した場合に、とても便利なツールがあります。それは、相手の持ち味です。

論理的で優れた企画書を量産する人は、社内で注目を集めます。一方で、人に労いの言葉をかけ、笑顔を引き出し、時に、鼓舞する言葉をかけて相手の行動を引き出す人は、注目を集めることはありませんが、社内から尊敬を勝ち取ります

それぞれが持ち味を持っています。この持ち味というのは、個々人の価値観が反映された行動の特徴と定義することができます。

通常、個々人に注目するとマネジメントは複雑になりますが、同じやり方で、個々人に対応できるのであれば、強力な武器になります。

一人一人の持ち味は違います。その持ち味をマネジメントに使うことで、個々の価値観に合わせて強力な動機付けを行うことができます。成長欲求を刺激するためにも、有効です。

20分ほどの訓練を経ると、社長も、幹部も、その効果を目の当たりにして、ぱっと表情

が明るくなるのです。

組織にいる以上、組織が掲げる目標に向かって突き進むことが重要なことは、誰もが理解しています。しかし、現実には、目標を与えられただけでは行動に結びつかない人達が大勢います。

リーダーがこの「持ち味」のツールを使うことで、社員に気づきをもたらすことができます。すると、先ほどまで行動を渋っていた社員の行動量を一気に増やすことができるようになります。

この持ち味のツールは、相手が50代、60代の頑固者や、プライドの高い社員であっても効果を発揮します。

「気づき」を使って一気に行動を変える

人が動物と大きく違う点は、考える力を持っていることだと言われています。人が動物と違う点は他にもあります。その一つは、「気づき」を糧に思考や行動を組み替えることが出来ること、です。

この「気づき」は人によって言い方が少々違うかもしれません。「深く感動したこと」「深く共感したこと」「腹落ちしたこと」「天啓を受けたこと」等々、こうしたものを総称して「気づき」と呼びます。

「気づき」は、何もなかったところから生まれるものではありません。すでにぼんやりと頭にあったこと、似たような経験はしていたこと、それぞれは別のものとして捉えていたこと、それがあるきっかけで明確になり深く心に刻まれる状態です。

先ほどの、「深く感動したこと」「深く共感したこと」「腹落ちしたこと」「天啓を受けたこと」といった言葉に表されているように、新しい強烈な体験となるのです。そのため、「気づき」を得たことをきっかけに、行動が変わるのです。

これを読む社長の皆様も、これまでの人生や会社経営の歴史を振り返ると、幾度となく、気づきを得、大きく考え方を変えることがあったはずです。

このように、「気づき」は人の思考、行動に大きく影響を与えることは、以前からわかっているのです。

ただ、難点がありました。それは、「気づき」が何時起こるか、誰もわからないのです。いつ起こるかわからないもの、それは再現性がないということ。再現性がないものは、ビジネスには向きません。マネジメントでも使えなかったのです。

そこで私は、この「気づき」の力をマネジメントに活かせないだろうかと20年間考え続けてきました。

先ほどの「持ち味」も含めて、現在分かっているものが5つあります。このツールを使うと、リーダーは意図的に目の前の社員にいつでも気づき与えることができるのです。

「気づき」を得た社員は、突然、開眼したように、思考と行動が大きく変わります。

何度注意しても変わらなかった社員が、「気づき」を得ると、ピタリとその問題行動を止めるということが起こるのです。

想像してみてください。御社の中でも、何人か思い当たる人がいると思います。何度も何度も注意しても行動が変わらなかった社員が、ピタッとその問題行動を止められたら、どれほどの効果が組織にありますか？

気づきのツールを使いこなすことで、リーダーはいつでも社員に「気づき」を与えられることが出来るのです。

マネジメントの前提を変えて組織の成長を確定する

人間の特性を知りマネジメントの精度を向上させる

第4章では、社員の成長を更に引き上げるために、リーダーが手にするべきマネジメント技術の一部をご紹介してきました。

ここから先は、社員の成長を継続的に引き上げるための、新たな視点を共有していきます。

マネジメントを機能させるための重要な視点の一つは、「相手は自分とは違う」という視点です。一部は第3章でも触れました。ここから先では、もう少し広い視点で、そして深掘りをしていきます。

新米リーダーの多くが成長破壊リーダーになってしまう理由をすでに述べました。更に広い視点から言えば、そもそも私達は、人間の思考の特性をほとんど理解しないまま、目の前の人間を取り扱おうとしているのです。

少し小難しく聞こえるかもしれませんが、この新しい視点を得ることで、マネジメントの質を大きく改善することができます。もう少しだけ辛抱してください。

私達リーダーは、時に、目の前の社員の人生を大きく変えてしまう決断をすることもあります。相手の人生を左右するほどの影響力を手にしておきながら、相手のことをよく知らないのです。

社員は、社員である前に人間です。リーダーは、社員の人間の特性を理解した上で、マネジメントの仕組みを構築する必要があるはずです。

また、リーダーが、社員の人間の特性を理解して、それを前提としてマネジメントを実践することができれば、より効果的に、より持続的に、更に、より科学的に、より客観的に、進めることができます。その結果、リーダーは社員をより確実に成長させることができます。

人間の特性を理解して、それを前提とすること、これをもう少しわかりやすく説明します。

たとえばリーダーが「人が成長出来る時間は決まっている」という特性を信じて社員と話すのか、「人が成長出来る時間に限りは無く、いつまでも成長できる」という特性を信じて社員と話すのか、話す内容はまるで異なります。

「人が成長出来る時間は決まっている」と考えるならば、目の前にいる社員の営業成績が良くない場合は、その社員に更に考えることを促したり、試行錯誤を奨励したりせず、こちらから一方的に指示をするでしょう。営業成績が悪い状態が更に数ヶ月続くようであれば、職種変更を勧めることもあるでしょう。

一方、「人が成長出来る時間に限りは無く、いつまでも成長できる」という前提で、成績の悪い社員と話すならば、ひたすらに改善するための方法を話しあい、改善に向けた努力を促すはずです。

このように、何を前提とするかで、社員に対するリーダーの発言や行動は変わるはずです。前提が明確になれば、対処方法を考えやすくなります。

前提条件を確認いただくことで、「そうか、だから、社員はこのような反応をしていたのか」という気づきがあれば、今後の対応も変わるはずです。

それでは、進めて参りましょう。

動物的な反応特性があることを前提とする

人間は動物です。（この考え方、これ以降何度か登場します）人間以外の動物とは動物としての共通点があります。動物を観察すれば、動物の特徴が見えます。動物の特徴は、刺激に反応することです。そして、一度に複数の刺激がくると、集中力が分散します。集中力が分散することは、人間にとって、生産性の低下につながります。

この現象は、常に社員に起こっています。

リーダーの指示を社員が聞いているようで、実は聞いていなかったというのがそれです。その結果、指示は伝わらない。社員に伝わらない指示は、指示がないのと同じなので、社員はリーダーの意図した通りに行動しません。

「そんなばかな」とお考えの方も多いかもしれませんが、これは何度も実験していますが、同じ結果になります。

つまり、社長が伝えたことが実践されない最大の理由のひとつは、そもそも社長が伝えたことが社員に受け取られていないことなのです。

最近は少なくなりましたが、スマートフォンで話している時に、電波が悪くて声が途切れたりすることがあります。こちらは相手に話しかけているのですが、相手に届いていないことが起こるのです。

スマートフォンの時は、こちらも異変を感じとりますので、もう一度始めから伝え直すことがあります。

ところが社員の場合は、相手は聞いていても、聞いていなくても同じような反応なので、リーダーが社員に話している最中には認識しづらいのです。

このように書いても、「信じられない。自分の社員達にはそのようなことは起こってない。自分の会社のことではない。自分には関係ない」と考える社長が多いのです。

ある部品メーカーの社長もそうでした。

「社員はちゃんと理解してくれています。弊社では返事を徹底させています」

「少し意地悪な質問してもよろしいでしょうか？では、なぜ社長の指示が実践されていないことが問題になっているのでしょうか？」

社長は困った顔をされました。

これをお読みの社長も同じようにお感じかもしれません。

ですが、実際に多くの社長が同じ経験をしています。社長が指示した時に、社員の返事は良いのだが、実践されない、という経験です。御社の中で、同じ思いをしているのは、社長お一人ではありません。あらゆる階層のリーダーと社員との間で同じことが起っています。

これを防止する方法は、伝える内容よりも、伝える場を重視することです。

その一つは、「〇〇しながら」を止めることです。リーダーは忙しさを理由に「相手が作業途中の時にも指示を出す」ことが多いのです。たとえば、リーダーが社員と同乗して営業同行をするとします。

社員が運転している最中に、助手席に座ったリーダーは社員にあれこれとアドバイスをする場面があります。社員は話しに合わせて返事をするものの、集中力は運転に向けられています。社員は、運転という作業途中で、集中力が分散している状態です。

リーダーは、この時とばかりにいいアドバイスや良い教訓を相手に与えたつもりなのですが、社員はまるで受け取れていないのです。

このような悲劇を繰り返さないためには、リーダーは社員の「動物的な刺激への反応特性」を理解して、それを前提にする必要があるのです。

マネジメント技術は、社員は刺激に反応してしまうこと。複数の刺激を受け取る場合は、集中力は分散すること。この2つを前提として、作られています。そのため、リーダーがマネジメント技術を使うことで、社員が最速で成果を出し、中長期でも成長し続けることができます。

変化への挑戦を避ける特性があることを前提とする

人は変化を嫌います。これは都市伝説ではありません。科学的な根拠もあります。脳科学の知見によれば、脳という臓器は、全ての臓器の中で最大のエネルギーを消費する臓器です。人間が生きていくためには、できるだけ少ないエネルギーでこの脳の機能を維持する必要があるのです。

脳のエネルギー消費量をできるだけ低くするために、「慣れる」という省力化の方法を手に入れたのです。

例えば、ある人が、おいしい果物を食べた時、そのおいしさに感動したとします。感動する時は脳のエネルギーの消費が高い状態です。

その人がまた次に、その果物を食べた時も、同じように感動したとしたら、エネルギーがまた大量に消費されてしまいます。そのため、脳は、同じことに何度も感動しないように、「慣れる」ことを編み出しました。

如何に省力化するか、如何にラクをするか、如何にサボるか、これが生命維持の観点では重要だったというわけです。

一方、変化に適応することは、挑戦することです。挑戦もまた脳のエネルギーを使います。生命維持のための省力化の要求に相反するのです。変化に適応したい欲求と変化を避けたい欲求（省力化の要求）という2つの相反する欲求が人間の中には共存しています。この相反する欲求の均衡を破るためには、成長に向かって行動し続ける明確な戦略が必要です。

変化への適応に向かうためには理性を使います。理性的に考えると、変化しないことは衰退し、自分の望みから遠ざかることを私達は、知っているのです。

生命維持のための「ラクをする」「サボる」という省力化の要求に抗い、変化に向かおうとする気持ちを私達は成長欲求と呼びます。そして、成長を実現するために少力化の要求に抗う行動を取ることを努力と呼びます。

生命維持のための省力化の要求に対抗するために、必要な戦略は、理性を使って、成長欲求を刺激し、強化し続けることです。

欲求の強さは努力の量の差をもたらします。

ここが社員によって成果が分かれるポイントです。

どれだけ自らの成長のために努力するかを社員に全て委ねてきたので、今の組織の状態があります。

繰り返しますが、ほぼ全ての社員も成長したいと望んでいます。いわゆる向上心が高い人は特に、この成長欲求が高い。そして成長を実現する人は、努力の量も多いのです。

ところが、大多数の社員の場合は現時点では成長欲求の強さが十分ではなく、その結果、努力の量が不十分で停滞した状態にあるのです。この２つを強化する必要があります。

これから先、社員と組織の成長を実現するためには、社員の手に成長を委ねてはなりません。社員の多くは成長を望みながらも、サボってしまうからです。

社員に成長を委ねると、社員の成長は鈍化することは、どの企業にも見られることです。これまでにご紹介してきた全ての企業に起こっていることでした。

大切なことは、企業が、社員の成長欲求を刺激する仕組みを整備し、社員の努力の量を増やし、それを継続する仕組みを持つことです。この仕組みを第５章でお伝えします。

目標の設定が下手な特性があることを前提とする

社員の多くは、将来自分が活躍するために必要な能力、期待されている行動・言動が何であるのか、実はよく分かっていません。

一方、社長の多くは、「社員には口を酸っぱくして、将来に必要な能力、磨くべき力、そして、身につけるべき言動、行動を事ある度に伝えている。（我が社に限って）社員が分かっていないなどということはない」とおっしゃいます。

しかし、私達の調査では、90％以上の社員は、何に取り組まねばならないか、分かっていません。

社会人一年生のYさんの事例で見ていきましょう。Yさんは成長欲求が高く、できるだけ多くの経験を積みたいと希望を胸に抱きながら入社してきました。頭の回転は速く、成果を上げたくてウズウズしながら、早く一人前になりたいと強く願っていて、その機会を虎視眈々と狙っていました。

そんなYさんにも弱点がありました。人に興味が無かったのです。もっというと、コミュニケーションが苦手です。ところが、本人は、この点に関しては、あまり深刻に考えていません。

本人が問題を認識できない場合、本人がそれに取り組むことはありません。いつかコミュニケーション力を磨くことこそが、より多くの成果を上げるためには必須であると気づくその日まで、このままの状態が続くことでしょう。

このYさんの事例は、Yさんが社会人1年生だから起こったことではありません。Yさんの能力が低かったからでもありません。Yさんの性格がやや自信過剰だから起こったことでもありません。Yさんに起こったことは、誰にでも起こりえるのです。

実際に社内を見渡すと、弱点が改善されぬままでいる社員は散見されることでしょうし、努力の方向性がズレているケースもまた少なくないはずです。

社員が悪気なく、間違った目標を設定してしまった結果、こうした問題が起こっているのです。残念ながら、これが現実です。この現実を受け入れた上で、マネジメントの仕方を構築することで、より効果的に社員の成長を後押しすることができます。そのやり方は、第5章でお伝えします。

人間関係で悩みを深め生産性が落ちる特性があることを前提とする

社員が組織を去っていく理由の一つが、「社内の人間関係の悩み」です。多くの社員が時間の経過と共に人間関係で悩みを深めていきます。

人は刺激に反応してしまうと書きましたが、人からの言葉の刺激を最も強い刺激として受け取り、それに反応していきます。

社員はリーダーの一言に感情を揺さぶられてしまうのです。

「人からどう思われるのか？」「リーダーからどう評価されるのか？」を気にして、言葉一つ発言するのも躊躇してしまう社員が少なくありません。

リーダーから手渡される実際の評価よりも、「本当は信用されていないのではないか？」「本当のところは、自分は嫌われているのではないか？」「本当は価値が低いと思われているのではないか？」という妄想が社員の頭の中で広がっていきます。

一度、リーダーに対しての信頼が揺らぐと、社員の頭の中は妄想で一杯になり、社員は不安を増大させます。リーダーからすると、滑稽な出来事のように見えます。しかし、これが、多くの社員が離職するきっかけになっていますので、対処方法を誤っては離職を助長することになります。

社員の頭の中が、こうした不安やマイナスの思考で満たされると、社員の生産性は必ず落ちていきます。

リーダーも社員も決して望まないこの状況ではありますが、何も手を打たなければ、社内のあらゆるところで繰り返され、多くの社員は人間関係の悩みに押し潰されていきます。

この事実を前提として、この問題に対処するための方法をマネジメントの中に織り込む必要があります。

確認したばかりの優先順位がズレる特性があることを前提とする

人間は動物です。それ故に、社員は、自分の周りに巻き起こる様々な刺激に反応してしまい、優先順位がズレていくことに気がつかないことがあります。

リーダーが社員と目的を共有することが大切だと言われます。それを聞いて、リーダーが社員と目的を確認したとします。しかし、目的を確認した次の瞬間から、社員の意識は目的からズレていきます。その理由は、社員が刺激に反応してしまうからです。

例えば、リーダーと社員がミーティングをして、社員と優先順位を確認します。ミーティングが終わると、会議室を出て、社員が自分の席に着くまでに、他の刺激に反応してしまったとします。

例えば、他の社員に声をかけられ、相談に応じたりすると、社員が自分の席に戻った時には、ミーティングでリーダーと決めた内容とは違うことに手をつけてしまう。

こんなことが常に起こるのです。

人が反応してしまう刺激は、外部的な刺激と内部的な刺激があります。

外部的な刺激とは、社内外の人からの声やメールや電話によるものです。社員が外部的な刺激に触れると、先ほどのように、別の仕事に手をつけてしまったりします。

内部的な刺激は、社員自身中で生み出される刺激です。その多くは脳から出される信号です。

例えば、リーダーから指示された作業をしている最中に、不意に別の用事を思い出します。すると、リーダーからの指示を中断して、別の用事に取りかかり始め、その用事にかかりっきりになってしまったりするのです。

このように、リーダーと決めた仕事の優先順位は、刺激を受ける毎に、ぐちゃぐちゃになってしまいます。

更に、社員が刺激に反応し続けていると、成果を出せないまま疲弊していきます。そうなると、社員は疲れ果て、仕事の目的すら見失っていくのです。

これもまた離職の原因の一つになります。

この刺激に対する自動反応に対して、何も対処しなければ、誰しもこの罠にひっかかります。

さもなくば、社員の多くがこの罠にひっかかり、手当たり次第、手をつけては、また次のこと、次のことと広げてしまいます。

リーダーは、この問題に対処するようにマネジメントを構築する必要があるのです。

さて、ここまで、効果的にマネジメントをするために、知っておくべき人間の思考と行動の特性の一部を確認してきました。

おそらく、確かに社員にはそういう一面がある。そのようなことは自社でも起こっているということを確認いただけたと思います。

この知見を活かしてマネジメントの改善を図って参りましょう。

社員の成長と組織の成長を統合する

社会と組織の共通点から分かる組織の作り方

ここからは、社会の成り立ちと比較しながら組織の特性を明らかにした上で、これまでお伝えしきたマネジメント技術の活かし方を確認します。

組織とは社会の一部です。必然的に社会の道理と同じものが適用されるはずです。そこでまず、社会の成り立ちを確認します。社会の一番大きな単位は国です。ほとんど全ての国は憲法を持ち、国の在りようを決定しています。

国に所属する国民は、国の憲法を守る義務があります。もし国籍を変えたなら、国籍を変えた国の憲法に従う義務があります。これが社会の道理です。何人もこの道理から逃れることはできません。

このように、社会には道理があります。従うべき絶対的なルールが存在しています。この社会のルールに従わない人は罰せられます。そのために、社会の中で生きていくためには、社会の一員としてルールを守る以外の選択肢はありません。

組織も同じです。組織には固有のルールがあります。組織にある固有のルールは、行動指針や社員規則となります。

行動指針の上位概念には、理念や使命、価値などがあります。理念、使命、価値を実現するためには、特定の行動様式を取る必要があり、行動指針はその行動様式を規定したものです。行動指針があると、マネジメントの経験値が少ない者でも、マネジメントがしやすくなります。

社会の規律は、法律の徹底によって実現されています。組織の規律は行動指針で守ります。

これまで多くの企業の行動指針を見る機会に恵まれてきました。そして、同時にリーダー、社員の方々にその行動指針を再読してもらい、感想を聞いてきました。

どんな企業の行動指針でも、リーダーや社員方々の感想で共通しているのは、

「この行動指針に従って行動したら、お客様の期待には応えられるし、どこにいっても通用する人材になれます」

というものです。

まさに、会社にとっても嬉しい。社員にとっても嬉しい。どちらにとっても、実践でき

たら嬉しいのが行動指針なのです。

是非、今一度、御社の行動指針を読んでみてください。これが実現できたら、御社に関わる人達で喜ぶ人達がいることに気がつくはずです。社外の人で喜ぶのはお客様と関係者です。行動指針の実践は、会社の内外、全ての関係者が幸せになる内容が書かれています。

これを実践すれば、社員の生産性は上がり続けます。そして社員の人間的な成長も実現します。行動指針が徹底されるならば、売上、利益が上がるのは、当たり前なのです。

行動指針の作り方と作成後の注意

少し話しがそれますが、行動指針の作り方とその運用方法について少しだけお伝えします。というのも、これまでご支援してきた企業の場合、売上規模が１８０億円を超える規模にあっても、行動指針がない組織があったのです。

ざっと振り返ると、半数近くの企業には行動指針がなかったのです。

企業理念がない会社はありませんが、その企業理念を実現するための、行動指針はなかったのです。そこで、端的に、行動指針の作り方と運用法の注意点を記します。

１．行動指針はオリジナルである必要はない

行動指針は、世界初のものである必要も、完全オリジナルである必要もありません。他の企業と同じ内容になっても問題はありません。

大切なことは、理念の実現のために必要な行動を指し示すことだからです。他社の行動指針から、一部、流用する場合もあるでしょうし、大いに参考にして、手を加えるのも良いでしょう。

何年もかけて作るよりも、早く作って何年もかけて修正することをオススメします。

2. 行動指針は変え続けるもの

行動指針を作って運用してみるとわかりますが、実際に日々読み返していると、会社の現状とのズレが見えてくることがあります。社内外の経営環境の変化に応じて、また、組織と社員の成熟度に合わせて、行動指針は常に見直すべきものです。

四半期毎に見直しを続け、2、3年して、見直しても変わらない内容が増えたという会社もありました。その企業は、その後も見直しを続け、経営環境の大きな変化があった時に、大幅に内容を入れ替えたということもありました。

3. 行動指針は、実践するものであって、壁に貼っておくお題目ではない

行動指針がある会社でも、行動指針を実践している会社は少ないです。行動指針は、先ほど確認したように、社内外の関係者全てにとって、この上なく、有用なものです。飾っておくぐらいなら、ない方がまだましです。実践されなければ、口だけの会社と社員から誹《そし》りを受けることになります。社員が組織に不信感を募らせ、組織から離反していく理由にもなるからです。

本論とは外れましたが、敢えて行動指針の作り方と運用方法についてお伝えさせていただきました。

社長の意図通り、組織と社員を成長させるためには、行動指針があることが前提です。行動指針がないと社員と組織の成長スピードに著しい影響がでます。不完全でも、多少稚拙でも、多少迷いがあっても、「今、行動指針がある」ことが大切です。社員にとっては、それが基準になるのです。その逆もしかりです。行動指針がないとしたら、正しい行動の基準がないということです。

大げさだと思うかもしれませんが、今一度、国単位で考えてみてください。法律がない国はありません。そして、法律が守られないと国は不安定となり、貧しい国となります。国も企業も組織の大きさこそ違えども、組織の特性は同じです。同じことが起こります。

一方で、売上げ数億円未満、10名未満の企業の場合は、若干話しが異なります。大切なので、この点もお伝えしましょう。改めて、行動指針の必要性の確認にもなるはずです。

社長と数名の企業規模の場合、行動指針が急いで必要か否かといわれると、私は否といいます。

その理由は以下となります。社長と社員の距離が、社長の息がかかる範囲では、社長と社員の意思疎通が常に対面で行われます。社員が日々社長と一緒に行動を共にし、社長と顧客とのやりとりを横で見聞きします。社員は社長の言葉を聞き、社長の行動を見ています。

社長が大切にしていること、それを社長が本当に実践していることが社員の目の前にあれば、社員は社長の考え方をより理解し、受け取ります。

社長は、社員が顧客と接している様を横目で見ています。違いがあればすぐさま社員に指摘があるでしょう。対面で話していれば、社員が指摘を素直に受け取れない場合も社長はすぐにわかります。社員の考えを聞き、考え方の違いを共有することもできます。

このように、社長と社員と距離も近く、コミュニケーションの頻度が多い場合は、お互いの意思疎通はよりスムーズに進みます。毎日顔を合わせて、お互いの声を聞いていると、言外から相手の状態を把握することも可能です。そのため、10名未満の組織では、行動指針の作成を急ぐ必要はありません。

更に会社の規模が大きくなると、社長と社員の距離は、社長の手の届く範囲となります。社員の数でいえば、7名から20名程度までです。この規模で、社長が現場業務に携わっている場合は、社員全員が社長と同じ現場にいることは不可能となります。

社員の人数が増え、社長が現場にでることが多くなると、社員の中には、1ヶ月に1回程度しか社長と対面で話しをする機会がない人もでてきます。社長の意図が社員に伝わりづらくなるのです。行動指針があるほうがよいでしょう。

行動指針は、社長との直接的な意思疎通の場がない場合でも、社員が同じ基準で日々の業務に励むための基準となります。

組織と個人の「念《おも》い」の統合

歴史を学べば未来に備えることが出来ると言われます。実際に、リーマンショックの際に、過去の歴史を紐解いて対策を打ち、倒産を免れたという著名な経営者もいました。過去にどのようなことが起こったのかを知っていること、経験したことは、リーダーにとってマネジメントする上で武器となります。歴史は繰り返す。これが事実です。経験値は未来を予測する力をもたらします。

このことは、著名な脳科学者も指摘しています。人間の脳と動物の脳の大きな違いのひとつは「記憶」だそうです。「記憶する」機能を人間の脳が進化の過程で手にしたからこそ、人間は他の動物とは全く違う機能である、「未来を予想する能力」を身につけたというのです。

この脳科学者の指摘は、組織の中の経験者が未来を予測する力を持ち得ることを裏付けています。

さて、「経験者は未来を予測することができるという事実をマネジメントの領域で、どのように活かすべきなのか？」あらためてY君の事例で考えます。

新入社員のY君は一生懸命取り組みますが、社長からすれば、少し方向が間違っていたり、無駄なことに時間をかけているように見えたり、はたまた、欲しい結果からおよそ逆になるようなことをしでかしている時もあります。

新入社員にしてみれば、目標に向かって一生懸命やっているだけですが、社長の目にはそのようには見えません。

社長は、未来から逆算ができるので、今何をするべきか、その結果どのような結果が生まれるか、その次に取り組むべきことは何か、等々わかるのです。新入社員は経験値が低いので、こうした逆算ができないのです。

新入社員に限らず、御社の大半の社員の方々も、良い結果を出したくて努力していることでしょう。更なる成長を志している社員の方もいるはずです。

しかし、経験値が低ければ、未来からの逆算が働かず、無理なこと、無駄なことをしているはずです。

すでに述べた通り、人間は動物ですから、刺激に応じて、目的、目標をすぐに見失います。何もしなければ、生産性は低下し、顧客への提供価値の維持すら難しくなるのです。

経験が低いことで、未来を見たくても見ることができない。こうした社員に対して、リーダーが出来ることがあります。それができれば、社員の生産性を一気に改善させることが出来るのです。

それは、目標と現在をつなぐことです。リーダーは、経験を元に、未来を思い描くことができます。それを社員に積極的に、頻繁に伝えていきましょう。多くのリーダーが勘違いしていることがあります。リーダー自身には見えているので、相手も当然見えていると思ってしまうのです。これが違います。

先行きが見えなくなると、人は不安になります。誰かが明確な未来を語ることで、希望を見いだします。

少し先の未来は、経験値が高い人にしかみえません。社長が社内で一番遠くの未来を観ているのは、もっとも経験値が高いからです。経験値が高ければ高いほど、より遠くの未来を見通すことができるのです。社長には、将来のビジョンや、理念がより体現された未来の姿をよりはっきりと見ることができるのです。

逆を返すと、社長に見えていることは、他の社員には見えていないのです。社長が言葉にして、表現しなければ、誰も社長に見えていることを共有することはできません。

このことは、リーダーと部下である社員との関係でも同じです。リーダーは、自分より経験値が低い社員のために、見渡せる限り遠くの未来を見て、そして伝えます。それが、組織を更に早く動かすことにつながるのです。

未来を共有できたら、次は具体的な実践行動を共有します。具体的な実践に必要なことは、行動指針に従って進めます。

改めて行動指針の成り立ちを考えてみると、行動指針とは「社長や、リーダーの経験値が言語化されたものだ」とも言えます。

お客様への提供価値を最大化するため、お客様への提供価値を高め続けるために、過去の経験を踏まえて、未来から逆算した結果、必要な行動様式が絞り込まれ、定められたものです。

行動指針を徹底することは、社員の人間性を高め、社員の能力を更に伸ばす土台を形づくるものとなります。社員の努力を最短で着実に成果に結びつけるためにも、行動指針を活用し、社員の成長を実現させていきましょう。

第4章のまとめ

●組織が永続する条件は、次代の事業承継者が育つことである。

●組織を任される、目標を達成することだけでは実現できない。人間的な成長が必要となる。

●組織にいる誰もが成長を願いながらも成長できない理由は、そのやり方を知らないことが原因である。

●リーダーの人間的な成長は、意図して社員から信頼を得ることがひとつの目安である。

●リーダーの人間的な成長は、業績に直結するため、リーダー任せにしてはいけない。

●成長創造リーダーの組織はスタートが早く、行動のスピードが速い。

●組織のスピードが遅くなる根本原因は、指示が曖昧なことである。

●目標志向よりも価値志向の社員の人数が多い。
その場合は、一人一人の持ち味を活かす手法が有効。

●気づきは、人の行動に強力な行動変革をもたらす。
気づきのツールを使うことで、いつでも簡単に相手に気づきをもたらすことができる。

●マネジメントの前提がズレていれば、成果を得ることはできない。
マネジメントの前提を確認することが、成果を変えるための第一歩となる。

●私達は、刺激に反応してしまうため、
リーダーは刺激を意図的にコントロールする必要がある。

●人が変化を嫌うのは、生命維持の上で必要なことで、サボろうとするのは自然なもの。

●変化に抗うためには、成長欲求を維持、強化し、努力の量を維持すること。

●社員に成長欲求の維持と努力量を委ねると、サボリを克服することは難しくなる。

●大多数の社員は目標設定が苦手なこと、
人間関係で生産性が低くなることを前提にして、マネジメントを構築するべき。

●社員の優先順位は勝手に変わってしまうものなので、常に確認が必要である。

●社員の成長は本人に全てを委ねず、意図をもって成長させるべきである。

●意図して社員を成長させる方法は、気づきを自在に作り出し、
成長欲求を引き出す手法を手にすることである。

●社会の構造と組織の構造は共通点が多い。
社会に属する者、組織に属する者はルールを守る義務があること。

●社員が守るべきルールの基準は、組織が顧客から選ばれ続けるという視点から考える。

●行動指針は、顧客満足の向上と社員の人間的な成長の実現をするために有用なもの。

●行動指針は、「今、ある」ことが最優先されるべきで、まず作る。
作ったら、見直し続けること。

第5章

成長を加速させる手順

社員の成長スピードが段違いに速くなる秘密のツール

社員の成長を見える化する

第5章では、S社長とリーダーが社員の成長の後押しを実現したステップを確認していきます。S社長は社歴の長い頑固な社員に対して実践し、3ヶ月目には変化を目の当たりにされました。その後、S社長の会社では、全社的にリーダーがこのプログラムを実践されましたが、全てのリーダーがまったく同じステップ通りに進めることで、同じように効果を実感され続けています。ステップの内容とその意義を確認していきましょう。

成長を確実にするためには成長を計れるようにすること。これが社員の成長を実現するために最も大切な準備作業です。

大人の成長は実感しづらいものです。実際に、「過去1年間で自分の成長を振り返って見て、書き出してください」と言われると、ほとんどの人は書き出すことができません。

成長する社員を作るなら、「成長環境を作れば良い」と前に述べました。成長環境を作る鍵は、社員の成長を計れるようにして成長を実感できるようにすることです。

私達は、15年ほど前から成長の見える化を実現するために、ビルの建築を参考に仕組みを作り上げました。S社長の実践されたステップをお伝えするにあたり、より理解を深めて頂くために、ビル建築との比較を交えてお話していきます。

今、目の前に、ビルの工事の建設現場があるとします。半年間で10階建てのビルが建設されていきます。毎日少しずつ建設工事が進みます。

では、ある一定期間にどれだけ工事が進んだかを知るためには、どうしたらよいでしょうか？

例えば、過去3ヶ月目と4ヶ月目に、どのくらい工事は進んだかを知るために何を参照すればよいでしょうか？

参照すべきものは、設計図と工程表です。

設計図と工程表には、「いつまでに、何をどのようにするのか？」が全て記載されているのです。これが、成長の見える化です。

この工事の進捗管理から発想を得て、社員の成長の見える化に、設計図と工程表を使うようになりました。すると、社員も成長の軌跡をいつでも簡単に振り返ることができるようになったのです。

前に、「優秀な社員の離職を防ぐ鍵は、社員の成長の実現だ」とお伝えしました。まさに、成長を実感出来ることを社員は望んでいることなのです。

この効果は絶大です。このプログラムを実践することで、どの会社でも離職率は低下していきます。社員による社員自身の成長の実感こそが、離職率の低下を実現する最大の要素であることを社長ご自身もご納得されるはずです。

S社長にも社員の成長の設計図と工程表を作っていただきました。最初は、設計図の作り方、工程表の内容の書き方など、注意点を確認しながら作ります。最初は1人分を作るのに1時間くらいかかります。しかし、2回目は、一人30分ほどで作り終えることができます。3回目は15分ほどと回を重ねる毎に、スピードアップしていきます。

半年間にたった1度、15分の時間を投資することで、社員の成長を実現し、社員の離職率が低下するならば、やらない選択肢はないはずです。

達成される目標の取り扱い方

工事現場にある設計図と工程表には日々の作業計画が書かれているだけではありません。もう一つ重要な機能があります。それは、ゴールの状態が明確に記載されていることです。工事の完了の状態と時期が明確に記載されています。設計図と工程表には「なんとなく」はありません。意図の塊です。最初から最後まで意図が込められているのです。

工事現場では、常に完了期限とその完了のイメージを確認することで、突発的に発生する作業に関わる諸々の問題に捕らわれることなく、期限に間に合うように、完了イメージに向かって意図通りに進むことができるのです。

社員の成長を後押しする際にも、設計図と工程表は全く同じように使っていきます。リーダーが社員へ頻繁にゴールを確認します。経験値の低い社員でも、ゴールを確認した上で、工程表に目を移せば、今、何をするべきなのかを明確に知ることができます。

S社長にもこれを使ってもらいました。「当初は、『こんなもので本当にできるのか？』と思った」S社長も半信半疑であったと前にもお伝えしました。S社長以外の多数の社長もそのようにお感じになります。

しかし、そんな状態から進めても、すぐにその疑念は晴れていきます。社長の目の前で、社員がゴールに向かって着実に進んでいる様子を体感すると、当初の疑念は氷解します。

目標を達成するためには、目標から目を離さないことが大前提です。当たり前のことではありますが、すでに述べたように、動物的な要素を持っている人間には、簡単なことではありません。設計図と工程表があることで、仮に一度目がゴールからそれても、すぐにまた確認することができるのです。

S社長は、導入した後に社員に起きた行動変化をみてこんなコメントも残しています。「社員自ら目標に向かって『継続して取り組む姿勢』を初めてみた」そうです。それと同時に、「言いっぱなしで社員に迷惑をかけた」と、S社長自身の反省も口にされていました。

リーダー自身、日々多忙を極める中で、一人一人の社員の目標や成長すべき分野を細かく覚えきれません。だからこそ、この設計図と工程表が必要です。この設計図と工程表が羅針盤となり、リーダーによる社員の成長を意図通りに、着実に進めていくことができるのです。

ズレの最小化が、最大の成果を得る近道

工事現場では、設計図と工程表は常に関係者全員の手元にあります。予定通り進んでいるか否かをチェックするためです。もちろん、実際の現場では、様々な問題が発生します。工事をする際には、作業ミスも発生します。納期の遅れもあります。天気の急変による変更もあります。全てのミスや変更を防ぐことはできませんが、対応方法を最適化することはできます。とにかく素早く対応することです。

あらゆる問題への対処は初動の早さとその内容が最重要とされます。ズレに早く気づければ、ズレが小さなうちに対処は可能となります。想定外の作業工数を最小限に抑えることができます。もし、設計図と工程表がなければ、ズレに気づくことができないのです。

工程表には、それぞれのステップの期限が明確に示されていますので、進捗の遅れもすぐに見つけることができます。設計図と工程表があることで、進捗管理が容易になります。次々に起こる想定外の問題に対応しつつも、設計図と工程表を確認することで、工事の精度を保ち、進捗を維持することができます。

工事現場で突発的な問題が起こるように、社員の成長の後押しをしている際にも、想定外の問題は山のように積み上がっていきます。ところが想定外の問題に集中すればするほ

ど、多くの時間を費やしてしまい、設計図と工程表とのズレを更に拡大させることになります。

社員も成果を出したいと願っています。顧客に満足や感動を届けたいと努力を続けている社員もいます。熱意を持って仕事をしている社員もいます。

こうした社員の努力が着実に身を結ぶように支援するのがリーダーです。この設計図と工程表に記された内容を期限内にやりきるように、リーダーが社員を後押しします。

仕事は、期限通りに終えることが最も重要です。どんなに良い仕事をしたとしても、期限を過ぎたら、その仕事の価値が台無しになるばかりか、マイナス評価にもなり得ます。

社員の熱意や努力を活かすために、リーダーは、小さなズレをいち早く摘み取る仕組を使ってマネジメントをするべきです。

S社長や、すでに実践された方々が、次々と社員の生産性の激変を体感された理由は、この設計図と工程表を抜きには語れないのです。

社員の成長スピードを引き上げるリーダーの技術

相手に届くアドバイスと相手に届かないアドバイスの違い

組織を率いるリーダーにとって、自らが最短距離で成果に向かって進むことはもちろんですが、それ以上に重要なことは、組織に所属する社員全員が最短距離で成果に向かうことです。そのため、リーダーにとって、もっとも重要なスキルの一つは、適切なタイミングで社員の行動をチェックし、必要であれば、軌道修正することです。

しかし、9割以上のリーダーは、これを効果的に出来ずに困っているのです。社員の失敗や、ミスを修正するためにリーダーはアドバイスをします。しかし、計画からズレていることに周りは気づいていても、当の本人は、気付いていないことがほとんどです。本人は、真剣に、物事に取り組んでいるのです。

前述のY君は、目的地に向かって最短最速で進んでいると信じ切っている状態でした。その状態にあって、よもや自分が徐々に軌道からズレて進んでいるとは考えていないのです。自分は正しいことをやっていると思っている人に、「あなたは間違っていますよ」と伝えたところで、相手にその指摘が受け取られることはありません。

アドバイスは２つの種類に分かれます。それは、部下に受け取られるアドバイスと、部下に受け取られないアドバイスです。どんなに正しく、どれほど効果的なアドバイスであったとしても、受け取られない場合は、社員にとっては雑音と同じです。

成長が著しいトップ３％の社員は、上司のアドバイスの価値を知っていますが、大多数の社員は、上司のアドバイスよりも、自分の思い込みや間違った信念を優先してしまうのです。

社員の成長を破壊するリーダーは、社員が頑固だといって愚痴を言いつづけます。一方、社員の成長を創造するリーダーは、相手が素直ではない社員であっても、リーダーのアドバイスが届く技術を手にしているのです。

ここで頑なに自分の意見にこだわる社員の頭の構造を読み解いてみます。

先ほどもお伝えしたように、社員がアドバイスを聞かない原因は、自分は正しく、ゴールに向かっていると間違った信念を持っている状態です。

信念とは、強度が強く高い石垣に囲まれた頑丈な城の様なものだと考えてみてください。この城に向かってリーダーがアドバイスを送ろうとして、城門を叩いても、相手は攻撃されたと勘違いして、更に守りを固くします。

それではと、石垣をよじ登って伝えようにも、石垣は高くてなかなか超えることができません。リーダーのアドバイスが相手に届かないのです。

社員にいろいろとアドバイスをしても、「はい」と返事はするものの、一向に行動を変えないという状況に、リーダーなら誰しも一度は遭遇していることでしょう。まさに、その状態です。ここでいう高い石垣は、相手の高いプライドとも言い換えることができます。

ただ、どんなに高い石垣に囲まれた城も、必ず弱点があります。この弱点を突いて石垣を壊し、アドバイスを受け入れてもらうのです。

やり方はいつも同じです。まず、その弱点に社員自身で気付いてもらいます。そのためには、社員に自分の考えを言わせてみて、その答えに不十分な点があることを自ら認識させます。

人は頭の中では完璧と思っていることでも、言葉に出してみると、自ら不完全さに気がつくことがあります。論理的な矛盾に気がついたり、大切だと思っていることが陳腐に感じたり、感情的になっていた時は見えなかったものが、見えるようになってきたりと、見え方が変わってくるのです。こうなると、あれほど高かった石垣が一瞬にして崩れさるのです。

次のステップがあります。

自分は正しい答えを持っていると思っていた人が、それが正しくないことに気づくと、人は不安になります。そして、人はその弱点を補強したい強い欲求に駆られるのです。答えを自分以外に求めるようになります。まるで頑丈だった城の壁は崩れ、骨組みだけになるようなものです。アドバイスを遮るものは無くなります。

むしろ、リーダーのアドバイスが吸い込まれる状態になります。

アドバイスの技術は、このステップで行うと、相手が誰でも、どんな時でも、リーダーのアドバイスを受け取るようになります。

社員の成長を創造するリーダーは、再現性のあるアドバイスの技術を手にして、社員の軌道修正を自在に行うことができます。頑固な社員をも動かすことができるようになります。

リーダーの意図が組織に浸透するスピードはぐっと早くなります。組織での生産性は飛躍的に高まっていくのです。組織が拡大すれば拡大するほどに、社員と組織を意図通り素早く動かし、より多くの成果をより早く、社員に受け取られるようにするのがアドバイスの技術です。

S社長によれば、数あるマネジメント技術の中で、最も効果的な技術は、このアドバイスの技術だと断言されていました。

S社長は、先代社長の下で、社内でダントツNo1のトップ営業マンでした。人を説得する技術には並々ならず自信をもっていました。ところが、部下を動かすという点においては、自分が満足する結果を手にしてこなかったのです。

このアドバイスの技術を使うことで、どんな頑固者にも対処できることをS社長自らが体験されたのです。幹部社員向けのプログラムを実行中の際は、幹部社員向けにアドバイスの技術の練習会をS社長自らが開催されました。その練習会のお手伝いをしたことがあります。スケジュール調整が困難を極める中でしたが、半日研修で、S社長と部長、課長、12名の方がアドバイスの技術の台詞を暗記して、すぐに実践できるようにと、何度も何度も相手を変えて練習しました。今となっては懐かしい思い出です。

自ら考える量を増やし、考える質を高める

社員が自ら考え、行動し、その行動を自ら振り返り、改善する。これができると、社員の生産性は更に高まってきます。これを生み出しているのが対話の技術になります。

一方で、1on1を導入してうまくいっていない組織も増えてきました。その結果、「対話」という言葉を聞くだけで、顔をしかめられる社長も以前よりは増えている印象です。

私達が対話をマネジメント技術のひとつとして重視しているのは、社員の行動を変え、成果を圧倒的なスピードで変えることに役に立つからです。対話をすることが目的ではありません。対話の目的は、相手の行動を創ることです。1on1も同じ目的で創られたはずでしたが、実際に1on1を実行しても、社員の行動を創ることができなかった人が増えています。

1on1と私達が使う対話の大きな違いの一つは、質問の内容です。一般的な1on1も質問はある程度決まっていますが、リーダーに任せられている量が多いのです。リーダー次第となると、そこに「なんとなく」が入りこむのです。自己流も入りこみます。すでにお伝えしたように、「なんとなく」も、自己流も、成果を遠ざけます。

私達が用いる対話では、質問の内容が全て決まっています。これは行動を創り出すためだけに、絞り込まれた質問です。一連の質問を受けると、顧客への提供価値を高めるため

の、具体的な行動が生み出される型になっています。

メリットが3つあります。一つはリーダーが誰であっても質問の内容が保たれることです。これによって、人とのコミュニケーションに苦手意識を持っている人でも、社員の成長を後押し出来るようになりました。

プレーヤーとして一流でも、部下を動かせずに悩んでいるリーダーの方には、何百人とお会いしてきています。中には、言葉の抑揚が全くなく、ロボットのように話す人もいました。中学校や、高校時代から、人と話すのを避けてきた人もいました。高校、大学時代に、バイトやサークル部活でリーダーをしたものの、トラウマになるような失敗を経験し、リーダーはやりたくない、自分にはリーダーは向いていないという強い信念をもった人もいました。

そういう方々が、対話を使うことで、気合いも、気負いも、気遣いも必要無く、決められた通り、淡々と対話を進めることで、部下である社員が短期間に変わっていきます。

人とのコミュニケーションが苦手なリーダーは増えています。しかし、人とのコミュニケーションが好きか嫌いか、コミュニケーションの量が多いか少ないか、コミュニケーションが上手下手は関係ないのです。ただ、決められた型通りに実践してもらうことで、社員は、ドンドン成果を出してくれます。

2つ目のメリットは、この対話を使うことで、社員の考える量を増やすことです。考える力は筋肉と同じように鍛えることができます。腕の筋力を増やすためには、腕立て伏せを何度もし、回数を重ねる必要があります。社員の考える力を鍛えるためには、考える回数を増やし、考える量を増やすことが重要です。

対話の「型」を使わずに、リーダーがなんとなく社員と対話するとき、対話の時間の中で、90％以上リーダーが話すことになります。対話というものの、リーダーからの一方通行です。考えているのはリーダーで、社員が考える機会がありません。社員が考える量が皆無なのです。

腕立て伏せのビデオを幾らみても、腕の筋力はつきません。リーダーの考えを幾ら聞いても、社員の考える力はつかないのです。実際に社員が考える機会が増えると、考える力がついてきます。

3つ目のメリットは、社員の考える質を引き上げることができることです。社員の考える質が引き上がると、具体化、抽象化を自在に出来るようになります。

この対話は行動を生み出すことを目的に創られたと書きました。求められる行動は、常に改善を実行するための行動になります。

多くの組織では、指示待ち社員が多いことが問題視されていますが、その問題の解決策は、社員の考える質を改善することです。本質的な課題を設定するためには、問題を抽象化する思考力があることで、本質を見極め、課題を設定できます。そして、具体化する思考力があることで、すぐに行動に移れる実行性のある改善行動を決定することができます。

社員の考える質が改善すると、指示待ち社員は自然消滅します。

社員の継続的な成長が組織の強さを練り上げる

顧客への提供価値が基準の全て

先に、人間は刺激に反応して集中力が切れがちで、意志が弱く、自分が成長するための目標設定もままならない、妄想に捕らわれて自ら自滅して苦しんだり、残念な側面があることを確認してきました。

また、それを前提とするからこそ、効果的なマネジメントが出来ることもお伝えしてきました。リーダーが社員の成長を創造するためにどのように考え、どのように対処するべきか、そのために必要な技術の一部をお伝えしてきました。

社員の成長、組織の成長に終わりはありません。これから先、一体何を拠り所にして、私達は、組織の成長を推し進めて行けばよいのでしょうか?

私達が事業を営む上で、これだけは見落としてはならないというものがあります。

それは、顧客への提供価値です。

提供価値は2つの要素から構成されています。時間と質です。お客様をお待たせし、お客様の期待を下回る質のものをお出ししたら、会社は存続できません。

お客様が待たされ、提供される商品やサービスに不満をいだく時、お客様はその企業を見放し、他の企業を選択します。

また、お客様は常により良いものを求めています。お客様の要望は進化し続けるのです。お客様から選ばれ続けるためには、お客様への提供価値を継続して上げ続けなければなりません。これが企業の全ての意志決定の根幹です。となれば、これを基準にマネジメントを構築しなければ、組織は存続できません。また、これを基準にすれば、マネジメントが大きく間違うことはありません。

社員の成長するべき領域、組織が向かうべき方向も、お客様への提供価値を上げ続けることを前提にすることで、何をするべきか全て明らかになっていきます。

その観点から考えると、前にお伝えした社会人1年生のY君の例でいえば、Y君の努力を実らせることは、Y君が最速でお客様から評価を得ることです。

社会経験がゼロで、お客様のこともよく知らないY君が、どんな能力を磨けばそこに到達出来るのか、知る由もありません。

Y君に代わり、リーダーが適切な目標を設定する必要があります。

このことに考えが及ばないと、「誰が社員の目標を創るべきなのか？」の議論が迷走します。

もっともらしい根拠は、人から与えられた目標よりも、自分で設定した目標の方が良いという考え方に基づくものです。

Y君の事例でいうならば、顧客が求めている価値、顧客が求めている以上の価値を出し続けるためには、まず顧客のことを知っていることが前提です。社会人1年生のY君は、それを知り得ません。社会人一年生にそれを求めるのは拷問に近いことです。顧客のことをより良く知っている人が目標を作るべきなのです。

社員の成長領域の設定は、成長の設計図と行程表を使って行いますが、顧客に対する提供価値を高めることが優先され、中心になるべきです。

では、このことを踏まえて、どのような要素を成長の設計図と行程表にいれるべきか見ていきましょう。２つの要素で作ります。ひとつは、行動指針です。そしてもう一つは、職種別にお客様に求められる提供価値を最大化するための技能です。

行動指針に基づいた行動が出来る社員は、お客様に選ばれる社員です。そして、お客様の高まる要求に見合うものを提供し続ける技能を身につければ、お客様は常に満足されます。こうして、顧客への提供価値を基準にして社員の成長すべきことを考えれば、お客様から選ばれ続ける社員と組織が作り上げられることになります。

S社長の会社では、当初、S社長以外は顧客への提供価値を高める発想を持っていませんでした。顧客への提供価値を高めることの大切さを学び実践すると、幹部社員のみならず、現場の社員からも、「どのようにしたら、お客様から選ばれ続けるのか？」「お客様がより満足するために出来ることは何か？」「お客様からもっと信頼される現場監督の言動、行動は何か？」という質問への答えが出てくるようになりました。

その結果、現場監督や、現場のリーダーから、行動指針への改善要望や、アイディアがでてくるようになったのです。

社員の成長は意図して必然的に創る

社員の成長は必然に創り上げるものです。偶然にでもなく、散発的にでもなく、必然にそして、継続的に、です。

人間は誰しも、生まれながらに成長欲求を持って生まれています。子供を見たら分かります。立ち上がり、ご飯をたべ、様々なおもちゃ（道具）を使い、より楽しく、より早く、より大きな喜びを手にしたいと目をキラキラしながら、時を過ごします。

一度、自分の欲求が満たされても、より楽しく、より早く、より大きな喜び、とキリがないのです。多くの子供を観察すると、人間の本質が整理されます。子供の観察からわかることは、成長欲求にはキリがないことです。言い換えれば、成長欲求は無限に広がるものなのです。

大人も同じです。ただ、子供の時には、あれほど顕在化していた成長欲求が陰を潜めてしまった人が少なくないのも現実です。しかし、成長欲求は、誰しも生まれもって手にしているもので、一時的に小さくなったり大きくなったりすることはあっても、無くなることがありません。

先に、サボリの欲求に対抗するために、成長欲求を強化すべきと述べました。

社員の成長欲求を喚起する手段はあります。それは、社員に気づきを与えることです。

気づきのツールを使うことで、いつでもその成長欲求を顕在化し、強化することが出来るようになります。

S社長の会社では、新規事業の営業チームにこの気づきのツールを徹底して利用しました。かつてトップセールスとして、営業部門を統括したS社長の想定を超えるほどに、営業チームの活動量が上がりました。その結果、想定を上回るスピードで、新規事業は立ち上がっていきました。

成長欲求を増やすには、他にも方法があります。

それは成長環境の中に、社員を置くことです。環境こそが、人の行動に最も影響を与えることは確認しました。

環境は人の精神にも影響を与えます。成長欲求は環境によって触発され、大きくなります。S社長の会社では、マネジメント技術が浸透した結果、全ての課長が課のミーティング前に、面談を実行するようになりました。

この後に、入社してきた新卒社員、中途社員には、営業で躓《つまず》く社員が減ったと、感じるようです。これは、営業部門の離職率の低下でも裏付けられています。

みんなが当たり前に取り組んでいる姿を目にすることで、「この会社はこういうもの」

この基準が上がっているのだろう、このようにS社長は分析されていました。

気づきを与えること、成長環境を創ること、どちらも、リーダー誰もが、意図をもって実行できることです。

社員の成長は、必然的に意図して創り上げることができるのです。

自立するから全てうまくいく

社員が与えられた役割を、期間内に全うするための課題解決を、社員自らが常に実践できる。この状態にある社員のことを、自立した社員と呼びます。

これまでお会いした社長に同じ質問をしてきました。その質問は、「自立した社員か、依存した社員か、選ぶことができますよ。どちらがいいですか？」です。100％の方が自立した社員を選びます。

ところが、自立した社員を創る方法をどなたもご存じなかったのです。自立する社員は、「自立しろ」と命令しても出来ません。「自立しなければ、未来がなくなるよ」と脅してもそうならない。

これは、社員へ質問した場合でも同じでした。「自立した社会人として生きていきたいですか？」それとも、「誰かに依存した社会人として生きていきたいですか？」こちらも、100％の人が、自立した社会人が良いと答えます。ところが、自立するための方法がわからない。

社長も、社員も「自立」がゴールなのに、やり方が分からず、うろうろしているのが実情です。

顧客への提供価値を高め続ける組織を作るために絶対に必要なことも、依存する社員の集団ではなく自立する社員の集団であることです。成長し続ける組織の大前提が、自立した社員が続々と誕生すること、とも言えます。

自立した社員作りにはステップがあります。このステップを踏まなければ、依存状態から自立する状態へは変化することはないのです。自分で考えさせないといけません。自立の前に、自考です。自考がないのに、自立は、絶対にありえません。

問題に遭遇して、誰かにすぐに解決策を相談したとしたら、そこには依存が生まれるからです。依存が生まれたら、また昔の状態に逆戻りです。

対話を使う本当の理由は、この自ら考える自考を当たり前にして、自ら実行することを仕事の大前提にすることです。自分で考える力を鍛えると、自然に様々な解決策が浮かぶようになります。解決策が浮かんだら、今度は自ら行動します。

自立した社員の実現のために、もう一つ最後のステップがあります。それは、「やったつもり」ではなく「やりきる」ことです。

リーダーと社員の対話は、自分で考え、自分で行動し、やり切る、を繰り返すように設計されています。これを繰り返せば、自ずと成果が変わります。

組織が大きくなればなるほどに、自立した社員が増えれば、会社の成長は間違いのないものになります。自立した社員を意図的に作れることが出来ると断言できるならば、社員の採用は未来への投資である、と断言することも出来るでしょう。

その逆は悲惨です。組織が大きくなればなるほど、依存の社員が増える…としたら、考えただけでも、恐ろしい。

ふと見渡すと、依存する社員だらけ、これほど恐ろしい光景はありません。

仕事への取り組み姿勢が改善するからうまくいく

ここで、御社の組織を見渡して成果を出している部門のリーダーを2人。そして、残念な成果に終わっている部門のリーダー2人、それぞれ思い浮かべてみてください。その人達の強みを書き出してみてください。

次に残念な成果に終わっている部門のリーダーの、問題となっている行動や言動を挙げてみてください。すると、その残念な部門のリーダーは、本来の力を発揮できてない、もしくは、本来の強みが評価されていないということが浮かび上がってくるはずです。

どのような業界、どのような組織の場合も、この点は同じです。

私のような立場で、組織に携わると、「また同じことが起こっている」と、見て取ることができます。しかし、内部の人が、同じように見ることができませんし、想像するのも難しいことのようです。

そこで、わかりやすい事例として再び、集団で行うチームスポーツに目を向けています。国内、国外を問わず、野球、サッカー、バスケットという分野では、誰もがその名を知る有名なチームがあります。その中でも際だって、有名な選手が他よりも多く、ドリームチームといわれるチームがあります。

個々の選手の能力に目を向ければ、「このチームが優勝に決まっている」という結論にしかならないはずなのに、どういうわけか、別のチームが優勝してしまう。

毎年毎年、こうした競技の世界で不思議なほど同じようなことが繰り返されています。

この問題を引き起こす原因の一つには、個々の選手の能力が十分に発揮できてないことが挙げられます。

逆に、およそドリームチームとは言えない状態から、常勝集団に変わった事例をみると、「個々の選手の力は素晴らしいのに…」問題への解決策が見えてきます。

ご存じの方も多いと思いますが、毎年正月2日に開催される箱根駅伝にそのヒントがあります。２０１５年に青山学院大学は優勝を果たしました。以来、青山学院大学は、毎年トップクラスの実績を残し続けています。それまで、あまり注目されることの少ない大学でした。

原監督が就任した当初は、技術や個人の力に注目した選手をスカウトして勝つことを狙ったそうです。ところがこれはうまくいかなかった。

原監督によれば、競技や練習に対する考え方、取り組む姿勢に問題があり、そうしたことの改善に注力した結果、個々人の力が発揮される状態ができ、現在の青山になったとおしゃっています。

裏を返せば、考え方や取り組む姿勢に問題を抱えていると、「本来の力を発揮できない」

「能力の発揮に至らない」ということになります。

このことは、御社で残念な成果に終わっている部門のリーダーと社員にも共通する点があるはずです。

成果を上げるためには、能力の改善はもちろん大切ですが、人間的な成長が鍵となる、と前にお伝えしました。業績の停滞や、成長力の鈍化に苦しむ企業では、仕事に対する考え方、仕事への取り組む姿勢が荒んでいる社員が多いのです。

業績が良く、成長力が高い企業では、仕事に対する考え方、仕事への取り組み姿勢が前向き、積極的である社員が多い傾向にあります。

人間的な成長というと、つかみ所のない感覚を抱く方もいると思いますが、まずは、仕事への取り組み姿勢を変えることから始めてみてください。御社に行動指針がすでにあるならば、ほとんどの項目は、仕事への取り組み姿勢が書かれているはずです。どれかひとつ選んで、すすめてみてください。

とても単純なことですが、与えられた仕事に前向きに取り組めるのか、嫌々、渋々文句を言いながら取り組むのか、結果が変わるのは当たり前です。

仕事の取り組み姿勢を変えるのは、行動指針を軸にしたゴール設定を行い、対話を実行することで、驚くほど簡単に実現していくことができます。

対話を重ねる毎に、相手の変化する様をリーダー達は目の当たりにしています。S社長や、配下の取締役が対話をした相手は、社内きっての頑固者とされる人達でした。その人達が変わる鍵は、まさに仕事への取り組み姿勢の改善でした。「あー知ってるよ。そんなこと」という態度を改めて、「はい、まずやってみます」と切り替えたことで、本人の成果も、本人の部下である別の社員達の成果も短期的な改善をしたのです。その連鎖が、あれほど大きな変化を短期間で組織にもたらしたのです。

シンプルだからうまくいく

そんなこと本当に起きるのかなと、まだ信じられない方も多いでしょう。なぜ、この新しいマネジメント手法が、多くのリーダー自身の変化と部下の変化を生み出すのか、その秘密を共有しましょう。

この方法がこれほどまでに、効果がある理由は「驚くほどシンプルだから」です。多くの社長がコンサルティグを受けていく中で、具体的な進め方を聞いた時、「本当にこんなので、変わるの？」と、あまりのシンプルさに驚かれることが多いのです。

しかし、これは偶然のことではありません。シンプルにしているのです。

自分自身、社員数十人の規模の会社を一年半で数千人規模の会社になる成長過程を経験したり、創業以来15年近く赤字だった赤字文化の会社を1年半で黒字化したり、M＆Aの会社の組織統合をして、単年黒字化を実現したりと、多くの経験を経てわかったことがあります。

それは、組織での指示命令の伝達は、伝言ゲームそのものだということです。役員会で決定されたことが組織の末端に伝わる頃には、まったく違うメッセージになってしまうことがあるのです。

この伝言ゲームに参加している大人達は真面目に取り組んでいます。それでも、やはり伝言ゲームのように、最後には、笑い話かと思うほどに、伝わる内容が変わるのです。この事実を嘆いても仕方がありません。これまでも見てきたように、この残念な事実を前提として、マネジメントを組み立てれば良いだけです。

その結果、相手が小学3年生程度でもわかるほど、シンプルかつ簡潔な指示でなくては、組織にひとつの方針を浸透させることは不可能ということになります。

実際に、私がご支援してきた多くの企業では、私が支援する前にも沢山の仕組みやら、手法を試してきた企業も少なくありません。

過去に導入した制度、仕組みは、それが実際に組織の中で運用されたなら、きっと効果を発揮したかもしれない、精緻《せいち》なものばかりでした。

ところが、実際は、組織の中で、活かされることなく、廃案になってしまったものが多いのです。そもそも、あらゆる仕組みや制度は、運用されなくては、意味がありません。

そのためには、やはり、シンプルであることが大前提なのです。

うまく行かない仕組み、定着させられない制度は、組織にとって複雑過ぎるのです。実際に、プログラムの内容は、小学生にやっても理解出来ることを確かめています。

小学生でも理解出来るほどシンプル、これが組織に定着する仕組みの条件です。

もし、社員が、将来にわたって顧客に価値を提供し続けるために、自ら研鑽し、自らの能力アップを継続してくれたら、何もいうことはありません。残念ながら、こうした社員は、１００人の中で、一人か二人しかいません。大多数は、漫然とした危機を感じながらも、刹那的に時間を過ごします。

この現実を受け入れて、効果的なマネジメントを実施する上では、社員に任せず、リーダーが支援する仕組みが有効です。一人ではなく、二人なら、人は前にすすむ事ができます。

第5章のまとめ

- 社員の成長を計れる状態にすることで成長を促進できる。
- 成長の設計図と工程表があれば、成長の見える化を実現できる。
- 社員の成長のゴールを明確にすることで、リーダーも社員も取り組みが容易になる。
- 成長の設計図と工程表を使い、ズレを早期に発見し、ズレが小さいうちに修正する。
- リーダーがアドバイスの技術を手にすることで、頑固者に対しても、アドバイスを受け取らせることができる。
- 対話のゴールは、行動の創造であり、未来の創造、成長の創造である。

●対話によって、社員は考える量を増やし、考える質を高めることが出来る。
●自立した社員を意図通り作る方法があるが、多くのリーダーはそれを知らない。
●能力を発揮できない原因を取り除くことで、社員の成果をすぐに上げることが出来る。
●仕事の取り組み姿勢を変えるためには、行動指針を活用することが有効。
●組織で定着する仕組みはシンプルでなければならない。

終章

未来に向かって社員と組織の成長を持続させる

組織が圧倒的に成長する必須条件

全てはリーダーの成長加速から始まった

これまで、様々な角度から、社員とリーダーの成長に必要な改善点、手法を確認してきました。本章では、その内容を振り返りつつ、社員と組織を意図的に成長させる条件を確認してきます。

リーダーの存在価値は、組織で結果を出すことです。自分だけ頑張って成果を上げることではありません。時間は優れたリーダーにも、それ以外の人にも、平等です。時間の制約がある以上、リーダー一人にできることは限界があります。

この時間の制約を超えなければ、リーダーとして組織で成果を生み出すことはできなくなります。

S社長も、前社長の下、営業部門でトップセールスマンになった時、一度苦い思いをしていました。部下である社員達に、自分と同じやり方を求めたのです。部下達は悲鳴を上げ、あっという間に新しく採用したメンバー達は辞めていきました。

その結果、S社長は「退職した部下達の分まで自分が売上げを上げなければいけない」と、文字通りぶっ倒れるまで、働きました。年末の忘年会で意識を失ってから、2週間、動けなくなったそうです。

当時を振り返って、若かったから乗り切れたものの、同じことは逆立ちしても無理だと思ったそうで、それがきっかけで部下の育成の試行錯誤が始まったそうです。

すでにお伝えしたように、組織が生み出す成果に限界はありません。組織の成長には、リーダーが自分一人だけではなく、組織で成果を上げる手法を手にする以外にはないのです。

マネジメント理論を学ぶことだけでは十分ではありません。理論や知識は、潜在力を高めますが、いくら理論を学んでも、実行力が高くなるわけではありません。

部下をもつ全てのリーダーに必要なものは、マネジメント理論よりも、マネジメント技術です。目の前の部下を着実に変える技術こそが必要なのです。

目の前の部下を着実に動かすことができれば、リーダーは時間の制約から解き放たれます。無限の未来が開けてきます。本当の意味で組織の成長が始まるのです。

S社長がそうだったように、新米リーダーは、遅かれ早かれ、マネジメントの壁にぶち当たります。習ったことがないのですから当然です。またリーダーの最も重要な仕事は、マネジメントであるという事実はあるものの、それ以外の仕事も当然あります。

忙しいリーダーが一人一人性格も、背景も違う、生身の人間をどのように動かすのかを片手間で研究するのには無理があるのです。

不世出のアスリートと言われる大谷翔平選手でさえも、ダルビッシュ投手を始めとする何人かの尊敬するピッチャーの真似を徹底的にすることで、今の位置を確立したのです。最初から自己流でやることは、そこに美しさを感じることはあっても、成果が求められるビジネスの現場で行うことではありません。

リーダーが、目の前の社員を動かし、目の前の社員が求められる成果をより早く確実なものとする支援の方法は、確立しているのです。

部下をもったら、リーダーは迷わず、成果のでる方法をマスターするのが早道です。さもなければ、高い確率で、社員の成長を破壊する、成長破壊リーダーになってしまうのです。

マネジメントに苦手意識をもっていた1000人以上のリーダー達が「この方法を続ければこれから先も大丈夫です」と言える状態に僅か数ヶ月で達することができるのです。

入社2年目で、リーダーになった24歳の男性リーダーが、入社1年目の社員を指導し、数ヶ月で自他共に驚く圧倒的な成長を実現させることもできます。

入社30数年、リーダー歴20年以上のベテランリーダーが、自分より更に年上の60代社員の行動を変え、他の社員の模範となるような成果を出すこともできます。

あらゆる組織の変革は、リーダーが組織を変化させうる確かなマネジメント技術を手にした時から、かけ算で始まり、一度始まった動きは、ドミノ倒しのように、速度を増し、うねりのように組織を変えていきます。

その最初の一歩は、組織のトップである社長の強い思いです。

数名の社員が支える組織ではなく、組織をして成果をだす組織にしたいと決断することから、全ては始まります。

自らの覚悟と向き合い続ける

ある経営者は企業理念の扱いに関して、「企業理念を守れないのなら、会社を潰した方がよい」という旨の発言をされています。企業理念に対する覚悟の度合いを表すものです。企業理念に始まり、ミッション、ビジョン等、企業の在り方を追求するには覚悟が必要です。

社長が社員と組織の成長を実現すると決めるのであれば、何物にも優先して、それを実現することが求められます。ツールを使いながら、成長の見える化は実現することはできます。そのために、成長マネジメントが根付くまでの期間、社長の強い意志が求められます。

その第一歩は、社長自らの実践はもちろんですが、直属のリーダーに対する社長自身の実践の後押しこそが、成長組織の実現につながります。これまでとは全く違うという感覚を必ず持ち合わせることになるでしょう。

新しい仕組みを導入する際は、時間とエネルギーを投下しなければなりません。

他の企業の経営者がそうであったように、マネジメントを刷新し、三ヶ月したら、効果を実感できます。

投下したもの以上の見返りが、単発ではなく、継続して得られることを手にすることでしょう。社長の意図通りに組織を成長させることは実現できます。

社員の成長と組織の成長への取り組みを全社で進めるための優先順位を高くすることを簡単に確認する方法があります。それは、社長も含めて、全てのリーダーが「忙しい」ことを言い訳にしないことです。

目の前のことに懸命になると、ついつい社員の育成が後手に回る。これがほとんど全ての企業のリーダーに起こっていることです。

これまで見てきたように、「育成」には時間が掛かるというのは、間違いです。やり方が悪かったたから、成果が出なかっただけなのです。今期の成果を作るために、マネジメントを刷新してください。社長の意図が届く組織にしてください。

目の前の作業には強力な重力が働いています。

忙しくても尚、社員の成長のための時間をとり続ける。これを実践させることが、覚悟と共に生きることになります。

組織のリーダーになるとは、単に組織の中の役割を果たすとは異なるものだと私達は考えています。組織のリーダーになることは、生き方の選択です。

リーダーとして、信頼を意図的に創る技術はあります。

しかし、その技術は、リーダーの発言に一貫性がなければ、技術が成立しないのです。お客様が企業に対して一貫性を求めるように、社員はリーダーに一貫性を求めます。片時も、気を抜けません。

どのように生きるかが問われるのです。

成長が次の成長を生み出す

社内に目をむけると、仕事になかなか身が入らない社員を目にするかもしれません。成長する気が感じられない社員もいるかもしれません。そして、何をいってもダメだった社員もいるかもしれません。

しかし、心配は要りません。何度も述べた様に、環境が変わると、当たり前に社員が社長の意図通りに成長を目指すようになるからです。

S社長やご紹介した社長のみならず、多くの社長が経験されています。成果がわかりやすいため、社長だけではなく、リーダーも取り組みやすいのです。

そして何よりも、社員が成長の実現を喜びます。リーダーとの面談をすることが、自分の成長の糧になっていることを実感するからです。

よく言われることですが、営業マンの契約確率が一番高くなる時は、契約をとった時だとされます。契約を得ることが、次の契約の糧になるのです。

社員の成長も同じです。成長を実感すると、次なる挑戦に向かって動き易くなるのです。

大切なことは、リーダーが社員に成長の機会を与え続けることです。成長の設計図、成長の工程表を半年間に1度、慣れてくれば、30分未満で、社長の意図通りに、社員の成長、そして、組織の成長が実現できてしまうのです。

一方で、人はやはり弱いです。易きに流れ、サボります。この前提を踏まえて、社内でマネジメントの実践をルール化することをお勧めしています。

たとえば、S社長の会社では、もともと、全ての部門で月初と月中に課内会議をもつことになっていました。課内会議の前に、リーダーが社員に対して、個別に面談して、改善行動の進捗を確認し、新しい改善行動を決めています。課内の決定事項が徹底されるようになりました。

S社長の了解をとって、リーダーに確認をしたのですが、課の決定事項を一様に伝達するだけでは、課員の判断に任されてしまい、成果のバラツキがあったそうです。

面談を実践するようになってからは、社員一人一人の達成度が大幅に改善され、リーダーも社員も嬉しい結果を手にするようになっていました。

成長を支える原動力を確認する

リーダーの育成に取りかかる際に、ある社長は「社員には仕事の楽しさを伝えたい」とおっしゃいました。

目標に向かって、社員自ら創意工夫をし、あきらめずに努力を重ねる。その結果、目標を達成した時、達成感を感じることができます。この達成感は、次の目標に向かっての力を生み出します。

社員が30人、40人を超えるとマネジメントの壁と言われますが、社員側からすれば、やりがい、充実感を得られなくなる時期でもあります。

自分が何をしたら良いのか、何を期待されているのか、よく分からない中で、日々なんとなく時間が過ぎ去っていく。言われたことをただこなす毎日、ふと気がつくと、疲労がどっと感じられる。こうした状況が続けば、自暴自棄になるのもうなずけます。

他社での社会人経験が多少でもあれば、比較の対象もあります。もし、新入社員で入社して、その会社しか知らなければ、「その状況をどのように解釈したらよいのか」整理することができません。こうした状況が1ヶ月も続けば、漠然とした不安を抱き、悩みを深くしていきます。

まさにこれはマネジメントが機能していない状態だから起こることです。人災です。

こうした状況を根本から変えることができるのは、成長の設計図と工程表になります。自分が何を期待され、それをいつまでに実現するのか、そこに全て書かれているのです。半年単位、年間単位で与えられる目標が悪いわけではありませんが、達成感を感じるまでの時間が長すぎます。

成長設計図と工程表があれば、達成感は短期間で何度も感じることができるし、自分がやるべきことも明確になります。そこに自分が為すべきことが全て書かれているのです。

成長創造リーダーは、成長設計図と工程表を効果的に使う方法を手にしています。マネジメント技術を使いながら、やりがい、充実感、達成感を意図して生み出すことで、社員の成長を後押しします、社員一人一人、価値観、夢は異なります。しかし、マネジメント技術を手にしたリーダーは、社員の価値観や夢と社員の成長するべき領域を結びつけて社員が前へ前へと進む姿勢を維持し、更にその取組を強化し続けることができます。

リーダーに憧れる社員が増える

組織内に成長文化が定着しつつあると分かるのは、マネジメント技術を存分に発揮するリーダーに憧れる社員が増えてきた時です。

「あのリーダーに言われたことがきっかけです」そんな声が出てきます。すると、自分もあの人のようになりたいという社員が増えてくるのです。

マネジメント技術に基づいてリーダーは実践しているので、そうなったら、しめたものです。同じようにマネジメント技術を習得してもらえば、次なる「憧れるリーダーが出来上がり」となるのです。

離職率が高い会社では、文字通り「上司は選べない」ことが悲劇的な結末となってしまいますが、成長文化が根付く組織では、「上司は選べないが、自分の成長を支援してくれる上司に巡り会える」という世間の常識とはずれたことが起こるのです。

「そんなことが本当に起こるのだろうか？」

疑問に思う気持ちは拭えない方もいるかもしれませんが、少し冷静になって考えていただきたいのです。

「やるべきことを、あきらめずにやり切り続ける」

それが勉強であれ、スポーツであれ、仕事であれ、これが実践できた人は、必ず成果を上げる人です。もちろん、これができれば、組織でも成果を出せる人になります。

組織において社員が取り組む業務を細かく分解してみます。分解された一つのステップに、集中して取り組むのならば誰でも出来るようなことがほとんどです。

集中しつつ、諦めずにやること。これができれば、組織の中で社員が成果を上げることは必ずできます。問題は、その集中の程度と諦めない長さが社員によって違うことです。

だからこそ、マネジメント技術が際立つのです。

一人ではなかなか継続できないことも、二人で取り組むと、まるで魔法でも見ているかのごとく、出来なかった人ができるようになるのです。

リーダーは、ただひたすらに、社員が一歩前に進むことを後押しするだけで良いのです。

一歩進んだら、また一歩。また一歩。また一歩。その繰り返し。

そこには、達成感があり、充実感があり、そして、夢に向かっている実感もあり、組織に貢献している実感があり、そして、仕事を通じて社会に貢献している実感あり。

こうなったら、もう人は止まらないのです。

社会人になるまで、自分はだらしない人間だった。ごく普通というよりも、むしろ落ちこぼれの部類だった。自分の好きなことは取り組めたけど、それ以外のことはサボっていた。そんなピカピカな人生を送ってきたとは言えない社員達が、仕事をしながら、自分の自信を取り戻していきます。

すると、社員達は、自分の成長の機会をくれたリーダーに対して、感謝の気持ちを持ち始めるのです。社員が抱くリーダーへの感謝の念や憧れの総和は、そのリーダーが手にする求心力です。

創業社長は、強力な求心力をもって事業を練り上げ、組織をひっぱりますが、ある一定の大きさを超える頃、さすがに創業社長だけの力で、社員全員を引っ張りきれなくなります。

組織の成長と共に、リーダーがマネジメント技術を手にしなければならないのは、このためです。リーダーが求心力を手にすることなしに、創業社長一人では手に余る組織の成長を維持することは難しくなるのです。

終章のまとめ

●組織の成長、社員の成長を実現するための一歩は社長の覚悟から始まる。

●リーダーだけが一人で頑張っても時間の制約を超えられず成長の壁が立ちはだかる。

●技術の習得は、真似るのが一番。自己流にこだわらない姿勢が成果の獲得を早くする。

●リーダーとして生きることは、生き方の選択。
その覚悟をもって取り組まなければ社員に見透かされてしまう。

●社員がもっとも成長するのは、社員が成長を実感した時。
社員が成長する組織を作ることで、好循環が生まれ、組織の成長が持続する。

●社員は達成感、充実感、やりがいを手にすることで、次の目標、次のゴールに向かって行動し続けることができる。

●社員は、自分の成長を後押ししてくれるリーダーに憧れるようになる。
社長以外のリーダーがより強い求心力を持つことでのみ、
組織の更なる成長をより確実なものに出来る。

終わりに

本書を最後までお読みくださいまして本当にありがとうございました。

15年間、「社員の成長が実感できない」「リーダーが足りない」「組織の成長スピードが不十分」と不満を抱えた社長と向き合ってきました。

その多くは創業社長でしたし、2代目、3代目も含めて、ほぼオーナー社長ばかりです。売上げ規模は、1億円を超えるぐらいから売上げ300億円と様々でした。

ご縁を頂いた社長に共通するのは、「自分の会社の社員には、幸せになってもらいたい」というお気持ちと「社会に貢献したい」という並々ならぬ気持ちをお持ちだったことです。

そんな方々と、マネジメント技術を使って、意図的に社員の方々のポテンシャルを最大限に引き出していただくことをひたすら繰り返してきたのです。

当たり前ですが、社長の数だけ、組織があり、その組織は一つとして同じものはありません。

本書でも紹介したように、倒産ギリギリの状態の企業もありました。

すでに、地域でNo1の企業、県でNo1、日本でNo1の企業もありました。

世界のNo1を目指している企業もありました。

ご縁をいただく組織は全て違うわけですが、社長が実践された場合は100%、社員の成長、組織の成長を実感いただいています。


人間には共通して動き出す原理原則があります。

それは、組織の違いを超え、リーダーの違いを超え、社員の個々を超えて共通するものです。これが単に机上の空論ではないことをご支援先の社長、幹部社員、社員の皆様が証明し続けてくれています。


これから先、組織の中に、社員を育成出来る機能を持てない企業は、競争力を失っていくことでしょう。引き離されていくことは間違いありません。

一人でも多くの社長に、一日でも早く、意図をもって、目の前の社員の成長を実現する手法を手にして、想像を絶するほどの組織の飛躍を実現していただきたいと願っています。

社会への貢献を心に決め、社員の幸せを強く願う社長ために、このマネジメント技術を確立して参りました。

私も残る人生全てを、この技術の更なるブラッシュアップと、伝播のために尽くすことを誓い、全力で支援活動を続けて参ります。

圧倒的に成長する組織を手にするのか、それ以外か、たったひとつの社長の決断が、会社の未来を決めていきます。

本書を手にとってくださった方の成長と成功を心から願っております。

株式会社グロースサポート　代表取締役　木村英一

著者　木村　英一　Eiichi Kimura

創業社長が率いる企業専門に組織の成長加速を実現させるコンサルタント。社長が意図する業績、組織の成長加速を６ヶ月で実現する、リーダー育成のスペシャリスト。

ＮＥＣ、外資系コンサルタント会社を経て、売上げ７億の会社が１年半で１４０億円へと急成長するベンチャー企業へ入社。戦略、戦術の立案、新規事業開発、Ｍ＆Ａ、組織作り、収益化モデル作りと、多岐に渡り関わる。その後、その手腕を請われ、複数のベンチャー企業の役員を歴任。

自らの経験のみならず、行動科学、脳科学、心理学、リーダーシップ、マネジメントを広く学び、素人のリーダーでも、最短３ヶ月、遅くとも６ヶ月で組織で成果を上げるマネジメント技術を開発。「人生を賭して事業を構築する創業社長を支援したい」という強烈な思いを胸に、株式会社グロースサポートを設立。現在、同社代表取締役。

圧倒的な短期間でリーダー、社員の生産性が改善し、業績が劇的に回復することに経営者から絶大な支持を得ている。

１９７０年、岩手生まれ。米国オハイオ大学政治学部卒。

小社 エベレスト出版について

「一冊の本から、世の中を変える」――当社は、鋭く専門性に富んだビジネス書を、世に発信するために設立されました。当社が発行する書籍は、非常に粗削りかもしれません。熟成度や完成度で言えばまだまだ低いかもしれません。しかし、

・リーダー層に対して「強いメッセージ性」があるもの
・著者の独自性、著者自身が生み出した特徴があること
・世の中を良く変える、考えや発想、アイデアがあること

を基本方針として掲げて、そこにこだわった出版を目指します。

あくまでも、リーダー層、経営者層にとって響く一冊。その一冊から経営が変わるかもしれない一冊。著者とリーダー層の新しい結び付きのきっかけのために、当社は全力で書籍の発行をいたします。

社長の意図通りに社員と組織を成長させる仕組みの作り方

定価：本体3、080円（10％税込）

2023年12月15日　初版印刷
2024年1月11日　初版発行

著　者　木村英一（きむら えいいち）

発行人　神野啓子
発行所　株式会社 エベレスト出版
〒101-0052
東京都千代田区神田小川町1-8-3-3F
TEL 03-5771-8285
FAX 03-6869-9575
http://www.ebpc.jp

発　売　株式会社 星雲社（共同出版社・流通責任出版社）
〒112-0005
東京都文京区水道1-3-30
TEL 03-3868-3275

印　刷　株式会社 精興社　　装　丁　MIKAN-DESIGN
製　本　株式会社 精興社　　本　文　北越紀州製紙

ISBN 978-4-434-32981-4